スパイにされた日本人

時の壁をこえて紡ぎなおされた父と娘の絆

The Girl in the Kimono : The Story of an Anglo-Japanese Marriage

Edona Eguchi Read

エドナ・エグチ・リード

加藤恭子・平野加代子［訳］

悠書館

スパイにされた日本人——目　次

第1章　着物

この物語は、一九二〇（大正九）年のロンドンで始まる。ある春の夜、ひとりの日本人留学生が友人たちとディナーを楽しんでいた。何を隠そう、じつはその青年紳士こそが、後に私の父となる江口孝之である。

友人たちと談笑中に、孝之はふと六年前の自分自身の姿を思い出した。一九一四（大正三）年、弱冠十七歳の少年孝之は、日本からこのロンドンの地に独りでやってきたのだった。

この大都会ロンドンに足を踏み入れた瞬間の、あの畏敬と戸惑いを、孝之は思い出していた。地震大国日本では見ることのできない、大英博物館などの巨大な石造りやレンガ造りの建築物を目の当りにしたときのあの感動を！　また、自然史博物館の外壁の生き生きとした彫刻に目を奪われた時の感動を。

ロンドンの街角やあらゆる情景そのものに、彼はただ驚愕するばかりだった。ヨーロッパ大陸や、それ以外の大英帝国支配下の各国からの人びとで、街はあふれていた。バスや電車に乗り合わせた人びとのさまざまな顔かたちに、じっと見入ったものだ。瞳の色、皮膚、毛髪がそれぞれ異なっているではないか。今まで見たこともなかったブロンドの髪。まして、くるくるカールした赤毛の黒人などは、思ってもみなかった。こんな人びとを目にして、はっと気がついた！　日本人はすべて同じ黒の瞳と髪の毛であることに！

孝之はまた、公園のリラックスした雰囲気が大いに気に入って、散歩に長時間費やした。晴れた日の午後にはロンドンっ子をまねて一ペニーでデッキチェアーを借り、新聞を読んだものだった。

彼にとって、もうひとつの新しい経験は、ロンドンの地下鉄やタクシーに乗ることだった。交通機関に関して、日本は大いに遅れをとっていた。日本の多くの都市の移動手段といえば、人が引く人力車が主だったからだ。タクシーなど想像すらできなかった。

孝之は父に宛てたロンドンからの初めての手紙に、「英国は偉大である。そればかりでなく光り輝いている」としたためた。

孝之の渡英の四ヶ月後、ドイツとの宣戦布告がなされた。第一次世界大戦の開始である。だが当初は、この戦争もクリスマスまでには終結すると思われた。そこで父は息子孝之にこの先も滞英させ、勉学を修了させることを決意した。驚いたことに、孝之が参戦した日本からの青年であることが分かると、見も知らぬ何人もの人がパブに誘い、飲物をご馳走してくれるのだ。それは英国の勇ましき騎士同盟の一員としての、友情の証でもあった。

英国への長い船旅で、西欧式の食事にはかなり慣れた。だが、ただ一つ、どうにも受け入れがたかったのは、洋式バスタブでの入浴だった。同じ湯で体を洗い、ゆすぐのは耐えがたかった。不愉快で、不衛生きわまりなく思えた。

孝之の父は、政界のある有力者を船旅の同伴者に選んでいた。西欧に精通したその人物こそ、この好奇心旺盛な青年孝之が発する新生活へのあらゆる質問に的確に答えられる人物であったからだ。英国到着後の身元引受人は、日本郵船のイトウ氏と、在英大使館一等書記官ヨシダ氏だった。彼らの責務は、孝之のために適切な学校と下宿先を探すことだった。

最初の下宿先はチジックのヨーク夫人宅に決まった。夫人との初対面の印象は、こわそうな人といった感じだった。夫人と二人の令嬢が、そびえたつように長身だったからだ。ところが、夫人は母性あふれる人柄で、内気なこの異国の青年を温かく迎え入れ、優しく手を差し伸べてくれた。

孝之はこの家に、労働者階級の縁なし帽のキャップをかぶってやってきた。さっそく夫人は、ロンドン見物のバスに乗る前に、縁のあるハットを買うために彼を連れ出した。最初、孝之はハットを目深にかぶった自分の姿が滑稽でたまらなかったが、徐々に恥ずかしさも消え、気がついてみると、ハットが両耳の上に居心地よくのっていた。

間もなくこの夫人の家から、イトウ氏のすすめで、ローソン夫人の家へと移った。女性たちだけの家より、息子のいる家のほうが居心地がよいのではという配慮だった。

継母と暮らしてきた孝之は、今まで感じ取れなかった本当の母親らしい優しさを、このローソン夫人から思う存分味わうことになった。日曜日には、夫人や彼女の家族と教会へ行き、礼拝にも違和感なく参加した。一家とともにオックスフォードやケンブリッジのボートレース観戦に出かけ、最初のクリスマスは、彼らとともに楽しんだ。本物の木のクリスマス・ツリーは、小さなたくさんのプレゼントの箱、金銀のモール、ガラスの玉、そしてロウソクで飾りつけられていた。

ロウソクといえば、当時ロンドンでは街灯に、電気ではなく、ガス灯がまだ使われていた。このことを孝之からの手紙で知った父は、ひどく驚いた。日本では、その頃すでに国中で電気が通じていた。小さな家内工場ですら、電力のために大いに活気づいていた。街や村の道路にも電灯が点され、道に面した家々の人の動きはまる見えだった。

一家は孝之を〝タキ〟と呼んだ。彼はプラム・プディングやミンスド・パイに舌鼓を打ち、罰金ゲームやシャレード（ジェスチャーゲームの一種）に仲間入りした。一家の人たちは、ちょっとしたごまかしをしては彼を助けてくれた。そして、夕べにはピアノのまわりに集まり、聖歌などを歌うのが、この一家の慣わしであった。一家から、「ホーム・スイート・ホーム（埴生の宿）」、「アニー・ローリー」を習った。これらの歌を、孝之は生涯忘れることができなかった。また、この先彼に訪れるいかなる状況のもとでも、これらの歌を口ずさむことで涙を抑えることができたのだ。

孝之の勉学、特に数学、科学、歴史、文学の成績は全般的に良好。ただし、英語で学ぶという非常な難関を除けば、である。父が彼の勉強のために送ってくれた辞書や書籍を夢中で参考にしたために、大いに語彙を増やすことができた。

ロンドン大学経済学部入学前、英語と学生生活になじむために、二つのカレッジに次々に通った。

まず最初のクラーク・カレッジでは、タイプ、フランス語、地理などを学び、次のウェスト・ハム技術学校では、数学、化学、文学、歴史、物理学などを学んだ。

そこで、バーナード・ショウなどの急進的な思想に耳を傾けた。孝之のように日本のサムライ精神を継承する家に生まれた者には、このような教育は異質なものだった。旧家の長男として教育を受け、幼いころより大勢の使用人にかしずかれていた孝之は、左翼的な学生の中ではかなり風変わりな存在だった。しかし、熱心に彼らの意見を吸収したので、彼の後の政治的見解は大きく影響を受けた。

ディナー・パーティは続いていたが、孝之は英国に着いてからの日々を思い出し続けていた。その夢想は、同じテーブルに座った仲間のひとりによって中断された。その友人が、突然、英国女性の一枚の小さな写真を見せたのだ。孝之は最初はちらりと、でもなにか不思議な感じがして、もう一度、見直した。

なんと、ひとりの英国女性の着物姿の写真ではないか！　なぜ着物を着ているのだろう？　しかも、じつに美しい。庭の生垣を背景にポーズをとり、太陽の光線が髪と初々しい顔を美しく捉えている。彼女はいったい誰だろう？　誰がこの写真を撮ったのだろう。撮ったのは男友達？

いいえ、撮影者は、孝之と同じテーブルに座る女性だった。その本人が言うには、着物は自分のものので、その着物を着てお互いに写真を撮りあったとのこと。その女性自身も、自分の着物姿の写真を何枚か孝之に見せた。それらの写真は見てすぐに返したが、気がつくと、あの女性の写真は手にぎゅっと握りしめていた。孝之はふたたび、その写真にじっと見入った。彼女の名前は？　彼女たちは職場の友達なのか？　そしてついに、そのウィニフレッドという名の女性が、いつか夕食会に参加してくれるよう、申し出ていた。

＊　＊　＊

江口孝之は、名古屋近郊の有名な素封家の長男であった。その一族の富は、豊かな農地と山林から得られる莫大な収入によるものであった。

おじのオオイケは銀行の創立者であり、政治家でもあった。東京を訪れるたびに、オオイケは日本政府の西欧化への精力的な努力を名古屋の一族たちに報告した。たとえば、政府が英国の建築家に設計させた、外国の賓客をもてなすための鹿鳴館を建てたことなど。おじオオイケも、鹿鳴館のレセプションに何度も参加した。

二十世紀にさしかかろうとするころ、濃尾地震が名古屋を襲い、その被害は甚大だった。孝之の父、江口熊市は壊滅状態の市街の復興に心血を注いだ。近代建築の技法および建材を、熊市は徹底的に調査した。鋼鉄とセメントによる建造物がショックを吸収するばかりでなく、揺れに対して柔軟に共振し、しかも崩壊しないことに彼は大いに興味を持った。

新生日本のシンボルとして、熊市は西欧建築街を復興させたかった。彼は十八部屋のある三階建ての家を建築し、その銅製のピカピカ光る屋根は何キロメートルのかなたより眺められ、街のランドマークとなっていた。

熊市は多くの家屋や工場を建造し、一九一四（大正三）年ごろには名古屋で一番の商業地区に、多くの不動産資産や、四十の店舗を所有していた。それらは、当時流行のアールデコ建築の四階建てであった。

熊市は市内で最初の映画館も建てた。また、街で最初に自転車に乗ったのは、熊市と孝之だった。轍の跡の残る道をさっそうと漕ぐふたりに、周囲の人びとは目をみはったそうである。

一九二〇（大正九）年に撮影されたセピア色の熊市の写真が残されているが、黒っぽい紋付姿でまっすぐにカメラを見つめている。控えめな笑みのなかに、彼の温さかとユーモアが感じられ、その瞳は遠い将来をきっぱりと見すえ、輝いている。知的で温厚な熊市の容貌を見つめると、この温厚な人物が県内の億万長者のひとりであるとは信じ難いだろう。

江口熊市（1920年）

＊　＊　＊

着物姿で写真を撮られたウィニフレッドの話に戻ることにしよう。

私の母となるウィニフレッドは、一九〇二（明治三十五）年五月十六日に、トーマス・ジョージ・シニアを父として誕生した。出生証明書によれば、その父の職業は醸造事業主となっている。原料をビールへ醸造する工場主であった。パンの工場主と異なり、この種の工場主の多くはジェントルマンと考えられていた。

ウィニフレッドの母ルイーザは三人姉妹の末娘で、姉たちは教職につくために勉強していた。ルイーザは三人姉妹のなかで最も美しく、よい夫を見つけるのが一番の願望だった。

ルイーザがトーマスと結婚したとき、彼女はわずか十六歳で、トーマスは自分の父親より年上だった。そして、ウィニフレッドが生まれた。当時のトーマスは裕福で、エセックス州のサンダースリイの村の大きな屋敷に住んでいた。子供のころ、ウィニフレッドは大きな庭を歩きまわり、土の中から抜いたラディッシュや人参の味を後になってから思い出したものだ。

両親は忙しかったので、彼女は子守によって育てられた。またその家には、他にも多くの召使や庭師が働いていた。ウィニフレッドは後に、エレガントな父に連れられて、一等列車に乗ってロンドンへ行ったと書き留めている。父の大きな銀製の懐中時計の鎖がでっぷりとしたお腹にかかっているのを覚えている、と。

「いいかい、覚えておきなさい。お前は一流の人間だぞ。ほかの連中とは違うのだよ」と父は話して聞かせたそうだ。

フェンチャーチ・ストリート駅に着いたときの蒸気と煙の匂いは、決して忘れられない。そして、ツーンと刺激的な匂いのする醸造所を訪ねたものだ。舗装されていない砂利の資材置き場で、革製のエプロン姿の労働者たちが重い木製の樽を手荒く扱っているのを、じっと眺めたこともあった。

赤ん坊のウィニフレッドと、祖母ルイーザの写真が残っている。ふたりとも微笑んでこそはいないが、服装はどの点から見ても、この大邸宅の女主人一家の富と安泰を証明している。細かいピンタックや縁取りのスカラップ、繊細な刺繍、レースの襟とカフス、そして宝石類が何よりそれを物語っている。この写真は、ルイーザの母としての完璧な姿だった。しかし、この尊厳ある若き母の顔に、やがて悲劇の日々が刻まれることになる。

ウィニフレッドが八歳のころだった。ある日、庭の門に、一枚の大きな通告書が貼られた。破産のための競売通告だった。「一九一〇年、六月七日、一時より」と書かれていた。その内容目録明細には、応接間セット一式から、クルミ材製の石炭入れ、じゅうたん、ナイフやフォーク、グラスなどの食器にいたるまでが記載されていた。

ウィニフレッドと母ルイーザ
（1903年）

ウィニフレッドはその通告書を読めなかったが、見知らぬ人びとを乗せた馬車が次々と到着するのにわけも分からず興奮した。嬉しくて部屋から部屋へ飛びまわり、その騒々しい人びとを眺めていた。その多くの人たちが、彼女が通るたびに、それぞれ優しく声をかけてくれるのだ。

その日の終わりには、一家は、家屋敷と

全財産を失っていた。

事業の失敗は、ウィニフレッドの父トーマスにとっては非常なる恥辱だった。破産は当時、ある種の〝罪〟とみなされていた。家族は突然の貧困と困窮に襲われた。一家は、ハマースミスの大通りに面した店舗の上のフラットに引っ越した。バルコニーの朽ちた手すりに寄りかかった妹のリーニーは、転落して頭に怪我をしたこともあった。庭がなかったので、ウィニフレッドはその地区の遊び場によく出かけ、いつしか平行棒の名手になっていた。

九歳になって、数週間学校に通ったものの、運悪くドアに手をはさみ骨折。そればかりでなく、またもや地下へ行く階段を踏みはずし転倒。このような不慮の怪我の連続で、全身を添え木、石膏ギプス、そしてバンソウコウで覆うことになり、遊び友達は汽車にでも衝突したと思ったらしい。

サンダースリイでの安泰な日々とは正反対に、壁紙もない彼らの家には、ベッド、テーブル、椅子以外に家具らしきものはなかった。隣の部屋の男性は、週末になると酔っ払って帰ってきて、大きく窓を開け放っては大声で歌いわめくのだった。

一家は週六シリングの家賃が払えないために、夜、こそこそと何度も引っ越した。この種の引っ越しは〝月光の引っ越し〟と呼ばれた。そして移り住むごとに、前の家よりみすぼらしくなっていった。

父トーマスは体面を保つことにのみ心を砕き、仕事を見つけられなかった。すでに五十七歳になっていたトーマスの魅力は失せ、成功したビジネスマンにはもう見えなかった。妻ルイーザとの関係も気まずくなっていった。

ルイーザは気がついてみると、六人の子供の母になっていた。そのうちふたりは、サンダースリイで幼くしてすでに死亡していた。この子たちのほかにもルイーザは出産したが、成人に達するまで生存したのは四人だけであった。死亡率の高い時代だったのだ。

多くの子供の死は、生き残っている子供たちへ悪影響をもたらした。ルイーザは、ウィニフレッドたちへは進んで愛情を示すこともできなくなっていた。テムズ川南岸での惨めなテラス付き三部屋の屋根裏部屋住まいを強いられていたルイーザは、ついに耐え切れずに、すべてを投げ出して、遁走した。母の遁走中、ウィニフレッドは長女として、妹や弟の面倒を見なければならなかった。

一方、この窮状はトーマスの許容範囲も越えていた。妻ルイーザに対してばかりでなく、小さな妹や弟たちの行動に責任を取れ、とウィニフレッドにまでも、想像もしなかった暴力をふるいはじめた。夕食時には、父トーマスは自分のそばに乗馬用の鞭を置き、子供たちにいらつくと、鞭打つのだった。

家出していたルイーザは、この惨めな生活に戻ってきたが、彼女の役割は変わることになった。夫の代わりに、一家の大黒柱となっていったのだ。彼女は女の子用の、小銭やハンカチが入る小さなポケット付きの毛皮の襟巻きやマッフを作りはじめた。

襟巻きとマッフのおかげで、ウールワースと契約を取りつけたルイーザは、なんとか生計を立てることができるようになっていた。またルイーザは、紳士のネクタイ製造にも手を出そうとしていた。

ウィニフレッドと妹のレーニーが針を扱えるようになると、父トーマスは朝早くベッドから彼女たちを引きずり出して仕事をさせた。ウィニフレッドが十二歳になると、髪の毛をアップにして、工場に働きに出された。当時、新たに流行していたネクタイの作り方を学ばせるためだった。ルイーザはすぐにコピーを製造した。

娘たちは学校に通わせてもらえずに、ウールワースから一週に受注する各種類の数百のネクタイの製造に、終日追われていた。ルイーザはそのネクタイ等を配達し、支払いを集金して生計を立てていた。そのおかげで、ウィニフレッドは型紙を作り、単純なものなら、流行の洋服を自分で作ることができるようになっていた。

＊　＊　＊

あの日本人留学生江口孝之が同じテーブルに座った女性からウィニフレッドの写真を見せられ、ふたりをディナーに招待したのは、ちょうどこの頃だった。ウィニフレッドにすると突然に、自分の写真を撮った友人とともに夕食に招待されたのだ。招待主は「タキ」と呼ばれ、その友人の友人だそうである。まったく見知らぬ人だが、裕福とのこと。

この招待にわくわくもしたが、同時に不安にもかられた。彼女がかねてからなしとげたいと思っていたことへの、絶好のチャンスではあった。惨めな家族や、対岸のあの陋屋住まいからなんとかして脱出したいという……。でも、何を着て行ったら、何を話したらいいのか？　いろいろと想像して考えれば考えるほど、恐怖心がつのる。しかし、友人の励ましで、来るべき夕べへの準備を開始した。

まずウィニフレッドは、ロンドンの洋装店をくまなく見て歩き、最も高価で美しい洋服がどれかを見きわめ、布地店で同じような生地を探し出した。

　タキに紹介されたとき、ウィニフレッドはあまりの恥ずかしさのため、一言も発することができなかった。テーブルに同席した他の人たちとの快活な会話には参加できず、ひたすら座っているのみ。食事も喉を通らず、今起こっているすべてのことをじっと観察し、時々自分のホストの表情を盗み見るのみだった。彼は上等で仕立ての良い洋服を身につけた、紳士的でマナーの良い人物だった。眼鏡とウェーヴした黒味をおびた毛髪から、その人は学生のように思えた。しかし、実際に生きている世界があまりにも狭い彼女には、彼が宝石商のようにも思えた。

　タキもウィニフレッドを観察した。繊細な鼻梁、血色の良い顔色。たっぷりとした柔らかな髪の毛が、はにかんだ伏し目がちな彼女の輪郭をきわ立たせていた。タキが今まで会った女性とは、なんと異なっていることか。ロンドン大学経済学部で、彼は、周囲の手ごわい女性たちに脅かされていた。その多くが、好戦的な婦人参政権論者だったのだ。

　ウィニフレッドは、彼女たちとはまったくちがった。また、タキが交際している貴族階級やビジネスマンの夫人たちのようでもなかった。むしろ、ウィニフレッドの立ち居ふるまいは、育ちの良い日本女性のようだった。同様な状況下での日本女性の、一歩退いた、控えめな様子に近いものだった。

　その晩ずっと、孝之は彼女を観察しつづけたが、今まで経験したことがない不思議な感慨があった。ウィニフレッドは純潔そのもので、自分の美しさすらにも気づいていないのだ。同年齢の多くの女性のコケティシュなふるまいとはまったく異なっていて、ウィニフレッドの表情には、ある種の厳粛さ

孝之とウィニフレッド（1921年）

が漂っている。彼女を見つめれば見つめるほど、性的欲求からではなく、今まで出会った女性とはまったく違う彼女の虜になってしまうのだった。

翌朝、注意深く言葉を選んだ短い手紙を、タキはウィニフレッドへ送った。

「昨晩はお話しする機会を得ませんでしたが、ぜひとも夕食をご一緒していただき、劇場にお供したいのです」と書いた。

ウィニフレッドは劇場に行ったこともなかったし、男の人と自分だけでディナーにも行ったことはなかった。このたびのタキの招待に対しては、彼女はかなり慎重だった。いかに自分には知識がなく、未経験であるかを、あの人は知らないに違いない。もしかすると、お遊びの相手と思っているのだろうか。無知な女の子に何が起こるかは、ウィニフレッドはわかっていた。

「金持ち青年」という巷での評判以外、ウィニフレッドはその人について何も知らなかった。彼は、欲するものを自分のお金で何でも手に入れられると信じているのであろう。そのお金でまさかウィニフレッドを買うつもりではないであろうが。一方で、初めて会った晩の彼女に対する彼の好感の持てる印象や、物静かな態度も思い出した。それが前向きに考える手助けとなった。次に会っても、彼は同じようにふるまうのだろうか？　次の晩も、うまくいくだろうか？

もしあの人が、ウィニフレッドのバックグラウンドや学校教育を受けていないこと、そして彼が話題にすることにまったく無知であることを知ったら、どんな反応を示すだろう。劇のことも音楽のことも、彼女は何も知らない。これから貪欲に本を読んだとしても、文学については彼と語り合えない。招待を受けることは、狂気に近いものである。そこで、ウィニフレッドは丁寧な断りの手紙を送った。

しかし、タキはあきらめなかった。幾度も劇場のチケットを買い求め、花束を贈り、招待をくり返した。彼女はついに深く息を吸い、招待を受けることにした。

このような伝統的な方法で、ふたりの恋は始まった。タキはさらに、手紙や花束やチョコレートを送りつづけた。また、ウエスト・エンドの高級レストランのディナーに、彼女を誘った。タキには、このような支払いに十分なゆとりがあった。本国の父から、当時の勤労者の十倍の仕送りを貰い、さらに時に応じて、二〇〇ポンドの小切手が追加補充された。タキはクロックフォーズやその他のロンドンの高級クラブのメンバーで、同伴者は常に金持ちや有名人だった。

正式に勉学を終了したタキは、帰国後に父の事業の経営を継ぐために、銀行業務を無報酬で実習していた。

　さて、招待に応じたその夜、やわらかな照明に照らされたテーブルに、ふたりはお互いに向き合って席をとった。白い麻のクロスをかけたテーブルには花が飾られ、ナイフ・フォークセット、グラス類、そして陶器類が置かれていた。ウィニフレッドはメニューに頭を傾けてみたものの、誰の言葉も彼女の耳には届かなかった。ウィニフレッドの好みそうなものを選ぼうとしているタキへ、相槌を打つのが精一杯だった。ウィニフレッドの記憶では、そのときのご馳走はわずか二ペニーばかりの支払いだった。ベーコン数切れと、パンとバターだったからだ。ウィニフレッドは生来どもる傾向があったが、この夜は緊張のあまり、その症状はいっそうひどくなった。

　こっそりと、タキのディナーの作法を盗み見ては、見習った。たとえば、ナプキンの彼の扱い方を真似て、さっと広げて膝の上に置き、ナイフ・フォークの使い方も彼に倣った。こんな食卓は初めてのことであった。タキが給仕に食事やワインを注文するのを観察しているうちに、彼が、すべてに精通していることがわかった。何もかも彼のする通りに倣うべきだと確信した。

　ウィニフレッドが緊張しているのを知ると、タキは自分ができるのは彼女をリラックスさせることだと思った。この時のタキは二十三歳、ウィニフレッドが十七歳であった。彼女の歳に、タキは英国での新生活を始めたのだ。

＊　＊　＊

孝之は、ふと回想した。

田園での彼の幼児期の暮らしは牧歌的で、両親に溺愛されていた。家は、高い塀に囲まれた、大きな門構えの古い屋敷だった。大きな庭を取り巻いて、親戚の家が点在していた。その魅力的な庭には、カエルや魚が泳ぐ池があり、小鳥やコオロギの歌声で満ちていた。夜にはホタルが飛びかい、枝にかけた篠の籠にホタルを飼ったものだった。

だが、そこでの幸せな生活は、五歳のときに幕を閉じた。名古屋の中心地に父が新しく建てた、近代的な屋敷へ移り住むことになったからだ。十八部屋もある新しい屋敷の不慣れな生活に戸惑い、タキはすぐには適応できなかった。幼いタキは母にぴったりと寄り添い、親戚の人たちや、あの庭やペットを恋しがった。ところが、引っ越しから一年もたたぬうちに、予想もしなかった悲劇がタキを襲った。誰よりも敬愛する母が亡くなったのだ。そして、この幼い少年の世界も崩れ去った。

何が起こったのか幼い息子には理解できずにいることが、いっそう熊市の悲しみを大きくした。戸外で物音がするたびに、幼い孝之は緊張したその表情を明るくして、ドアや窓にかけよって行った。しかしその後一年もへずして、父は再婚した。それに続いて弟や妹が生まれ、タキの孤立感はますます深まった。家族から一歩身を引き、笑顔を見せない寡黙な息子を、熊市は非常に心配した。熊市はタキが興味を引きそうなものを見つけ出そうとした。水泳、フェンシング、柔道と、少しでも興味を示せば、それに必要なものは小さな彼のために特別にあつらえた。しかし、少年タキの悲嘆はそれぐらいのことでは癒えなかった。

タキは祖父母の住む古い屋敷に戻ったが、父は息子がいないのを寂しがった。十歳のとき、長男として、将来の一族の財産管理者となる教育を受けるために、ふたたびタキは父のもとへ連れ戻された。タキはそのときすでに、父の経営する多くの会社の株主であり、公的行事にも代表して出ることがあった。賃借人を訪ね、賃貸料を徴収することを任されていたが、この仕事をタキはひどく嫌った。

しかし、タキがどんなにこの仕事に非協力的であっても、父は厳しい態度では接しなかった。タキが不真面目で腕白でも、父は暴力的に殴ったりはしなかった。タキが十二歳のとき、石油と石炭の輸入運搬タンカーを多く所有するおじの家で休暇を過ごした。そのとき初めて、実際に英語が話されるのを聞き、すぐに強い興味を持った。そしてできるだけ多くの単語を覚えようとした。この新しい知識について興奮して父に語り、英語を習うことに強く興味を覚えたと告げた。ただちにタキの英語の特訓が始まり、雑誌でイギリス人のペンフレンドとの文通も開始した。

タキは自分の子供時代のことを、ウィニフレッドに語った。

十三歳のとき、ふたたび彼の生活に変化が起こったことも。旧制県立中学の入学試験に優秀な成績で合格したのだ。名古屋から一時間あまりの通学のため、寄宿舎に入った。西欧式の二階建てに二五〇人の生徒が寄宿し、四人ずつ一部屋に割り当てられた。英国のパブリック・スクールと同様に、多くの身体教練があり、朝の冷たいシャワーも同じだった。息子が寄宿生活に適応していることに熊市は満足した。タキ自身も、継母から遠ざかることができて幸せだった。在学中の五年間、タキは試験に落ちたことはない。それどころか二年生から卒業までの成績は、常に上位二十五人のうちに入っていた。十四歳のとき、柔術で茶色の帯をもらい、後輩たちにこの護身術の指導をした。

ウィニフレッドは日本でのタキの子供時代の話に夢中になって聴き入った。お互いに、まったく異なった環境で、しかも遠く離れていても、自分も母親には良い思い出がないことに気づいた。話しながら、タキは彼女から目を離さなかった。今まで会った女性のなかで、一番美しい。シンプルな洋服をまとった女性らしい容姿に引きこまれた。彼の孤独な子供時代の話にたいする繊細な反応に感激した。アーチを描く眉の下のグレーをおびた涼しげな彼女の眼差しの底に、わが身が映し出されているように思えた。

しだいに、タキの優しさと忍耐は報われはじめた。ディナーを共にするようになってから、ためいと痛ましいほどの沈黙にもかかわらず、彼女の信頼をタキは得るようになっていた。ウィニフレッドは、いつもなら隠そうとするようなことを、気がつくと語っていた。

驚いたことに、タキは彼女を拒絶しないばかりか、その窮状と貧困に理解と同情を示してくれたのだった。彼女の母が集金後、パブに直行し、酔っ払って帰ってくること。父トーマスが心配して、集金にはウィニフレッドも一緒に行かせたが、結果は同じだった。少女の彼女は、パブの外で母が出てくるのをじっと待つのみだった。母を家へ連れて帰ると、今度は父の暴力が待っていたのだ。

学校教育を受けなかったウィニフレッドは、どうやって字を覚えたのかもタキに語った。単語は、父の新聞を盗み読みして覚えたのだ。十四歳のころは、ウエスト・エンドのパテ・ニュース会社での仕事を自分で見つけることができた。映画館で上映するフィルムを製作する会社だった。

　ウィニフレッドは真面目に仕事をした。朝は早く仕事場に着き、前向きに熱心に学んだ。十五歳のとき、マネージャーのひとりが戦争に召集された。若いにもかかわらず、全てのフィルムが保存されている部屋を彼女は任された。ニュースリールの配給も任された。フィルムは頑丈な金属製の容器に入っていた。それをタクシーであちこちの鉄道の駅へ運ぶという重労働だった。

　駅へのフィルム運搬の役をウィニフレッドは他の女の子と交代してもらい、いろいろな場所へ行った。そうすることによって英国の地理、目新しい単語のスペル、そして多くの人びとといかに仕事をするかを学びとった。

　戦争後、ウィニフレッドは投資部門へ異動し昇進。給料も上がった。その部署の上司は魅力ある人物であった。彼とその秘書がウィニフレッドに興味を持ち、親切に接してくれた。昼休みにタイプの使用を許され、たちまちタイプを打てるようになり、映画会社と五年契約を結ぶことができた。この状況が嬉しくて、彼女は遅くまで働き、他の部署の手伝いも進んでした。十七歳のとき、同僚の女の子の家に下宿を始め、ここで、生まれて初めて家庭の温もりを体験した。友人の母はウィニフレッドを自分の娘同様に気遣い、健康に良い食事を作り、サンドウィッチを持たせてくれた。また豪華な洋服ダンスに、初めて自分の洋服をかけることができた。

　後に、ウィニフレッドは次のように書き留めている。「私とタキとは恋に落ちる前から、友達になる運命であった」と。過去の出来事を語りあえる相手を、ふたりはずっと探し求めていたのだ。ふたりは理解しあえる関係を、突然変異のように構築した。ウィニフレッドの惨めな困窮と貧困とは対照的に、タキの一族は富裕だった。継母や異母弟妹も良い人びとではあったが、母を幼くして亡くしたタキにとっては、父熊市以外からは愛されていないように思えたのかもしれない。

ふたりの共通点は、〝帰りたい家庭がなかった〟ことである。そして、タキは新しい生活を、ウィニフレッドとふたりで創りたいと願うようになっていった。西欧的な美しさに加え、日本女性の受身的性格を兼ね備えていることが、タキにとって彼女の最大の魅力であった。

タキの機嫌がよく、自分が彼のリードについて行くことを、ウィニフレッドもひたすら願っていた。そしてタキは、理想的な伴侶を見つけたと確信した。そして、新年早々に、彼女に結婚を申し込むことを心に決めた。

タキは婚約指輪をウィニフレッドのために買い求めた。二個のダイヤモンドが組み合わされている指輪である。

＊　＊　＊

この十六年間、その指輪を、私自身が左手につけている。この文章をしたためている今も、早朝の日の光を捉え、その二個のダイヤモンドは光り輝いている。私はこんな想像をしてみた。「ディナーの後、ウィニフレッドと向かい合って座ったタキは、ポケットから小箱を取り出し、指輪を彼女の指にそっと滑らせたに違いない。微笑みながら、じっとウィニフレッドの瞳を見つめながら」と。タキは何度もリハーサルをして、このシーンにふさわしい言葉を注意深く選んだのだろう。

幸せでウィニフレッドの瞳と顔は輝いた。シンデレラのように、ウィニフレッドの前に、幸せの王子となったタキが登場してきたのだ。タキは、これから先、彼女が家族と接触を持たないことをただ一つの条件とした。妹のレーニーと会えなくなるのは悲しく、気がかりなことでもあった。しかし、両親のタキに対する反応を彼女は知りつくしてもいた。〝外国人〟を、彼らはひどく嫌っていたからだ。

あの親切な職場の上司も、多くの問題が生じそうなタキとの結婚を懸命に思い留まらせようとした。ウィニフレッドがその固い決心を語ると、上司は若いふたりをディナーに連れ出した。その晩はいい意味での身上調査が行なわれ、タキはひどく緊張してしまった。フィアンセのぎこちないふるまいに、ウィニフレッドは困惑した。

ウィニフレッドは指輪をつけることを躊躇した。タキのことを人に語るとさまざまな質問が飛び出し、しかも避けることができないからだ。指輪は彼女の秘密の宝となった。彼女は愛され、すばらしい未来が待っていることだけは確かである。自分の価値以上の祝福を信じた。

ウィニフレッドは教会へ行き、感謝とともに、タキにとり良き妻になれるようにと祈った。タキはキリスト教を家庭生活の基本であると理解していると語った。ウィニフレッドが驚いたことに、タキのキリスト教に対する知識と認識はかなりのもので、人びとの懸念にもかかわらず、自分の決心は正しかったと確信した。

婚約についての手紙を、タキは父に書き送った。シベリア横断鉄道経由で日本に手紙が着くには二週間かかり、返信もさらに二週間かかる。そうこうするうちに、幸せな一ヶ月が過ぎて行った。週末にはウィニフレッドは愛想の良いフィアンセの女家主の夕食に招待され、日曜の英国伝統の昼食にも参加した。

一ヶ月後、待ち望んだ熊市からの手紙が届いた。婚約の祝福を請う手紙にたいして、激怒した返事を父はよこした。熊市は大きな衝撃を受け、自分の息子に深く落胆した。彼は今まで愛情深く、優しい父であり続けていた。孝之にたいして何も否定したことがなかった。

その父の反対は、絶対的なものだった。ただちに、タキへの莫大な仕送りは止められた。こうなってみて初めてタキは、自分の不在の間も、彼の席は父の隣に置かれたままであることを思い出した。誰もその席に着いた者はいなかった。その席は、タキの帰郷と、長男としての仕事の再開をひたすら待っていた。

西欧女性に結婚を申し込んだことが、タキのすべてを破壊してしまった。すぐに日本に帰国しなければならない。一九二〇年代の日本でこんな婚約が認められるはずもなかったが、父の激怒には他の理由もあった。父は、同じ地方の名家の令嬢とタキとの結婚話を進めているところだった。英国女性との結婚は、父の顔を大きく汚したのだ。

ウィニフレッドは、父からの手紙にたいするタキの落胆ぶりにショックを受けた。今までは、ふたりの未来の生活を、タキは自信をもって計画してきていた。ところが、役目が反対になった。この予想もしなかった拒絶にタキは当惑し、いかに処すべきか分別できなくなった。ただ座り、涙が頬を伝わった。涙を隠そうとも、拭おうともしなかったことを除けば、死人のようだった。タキをこの世でウィニフレッドと同様に愛しているのは父であることを、そしてこの現実が彼を苦しめていることを、ウィニフレッドは充分に理解していた。

孝之の渡英のとき、神戸港に送りがてら、父は最後の数日間を神戸見物に連れ出した。布引の滝の前で何も話さずに、ふたりはただ座っていたことを、タキは思い出していた。ついに、「さよなら」を言わずに、タキは船上の人となったのだ。

ウィニフレッドとタキはすぐに結婚することを確信していたので、キリスト教徒の花嫁として正しくふるまいたかった。結婚式の夜、自分の夫のもとへ、処女の身で嫁ぎたかった。しかし、あまりの悲嘆に暮れているタキを見て、ウィニフレッドは彼の涙を拭い、やさしく髪の毛を撫でた。しばらくすると、タキの頭は彼女にもたれかかり、タキの腕はウィニフレッドを抱きしめ、ふたりは結ばれた。

写真

日の光は
すばやく行き過ぎ
カメラは着物姿の少女を
永遠に捉えた

ウィニフレッド（1925年）

第2章 東は東、西は西

熊市の返信が届いてからの日々は、ひと時も離れずにふたりは寄り添い、そして全世界がふたりを拒否していると嘆きあった。ただ一つ確かなのは、ふたりが愛し合い、これから先も決して別れないことだけであった。

父への深い愛と尊敬をこめて、父を翻意させるための手紙をタキは送った。また、このたびの結婚計画は確かに息子としてふさわしくなかったとも書いた。タキは弟たちにも自分の立場を説明し、熊市がウィニフレッドを自分の妻として受け入れてもらえるように支援してほしい旨の手紙を送った。弟たちは、必ずうまく運ぶようにするという返事をくれた。

仕送りを止められてタキは、仕事を探さねばならなくなった。仕事が見つかっても、父をなだめることができないのではという恐怖が頭から離れず、不安にかられた。そして、さらなる衝撃が走った。ウィニフレッドが妊娠していることがわかったのだ。

タキは生活のためにお金を稼がねばならなくなったばかりでなく、早急に住む場所を探さなければならない事態におちいった。幸いに、ハンプステッドのケルフィールド・ガーデンズに、応接間付きの大きなフラットを見つけることができた。ロンドンの中心部で、上流階級が住む地域だった。応接間の天井には豪華な漆喰がほどこされ、フランス式窓からは数本の庭木が植えられた日当たりの良い庭を見わたすことができた。ふたりが出会ってから一年後の春、ふたりは一緒に住みはじめた。

この家で初めて、ウィニフレッドは家事なるものをすることになった。家庭的な生活をしてこなかったために、彼女には失敗の連続の日々であった。英国式朝食をタキのために調理すれば、黄身はくずれ、焦げて、卵をどれだけ捨てたことか。ベーコンも焦げ、あげパンはべとべとに。なかでもタキを面白がらせたのは、ウィニフレッドが何もかもごったにして洗濯した結果、タキの白いワイシャツがピンク色になって出てきたことだった。

共に住みはじめて間もなく、タキが結婚についていっさい語らなくなっていることにウィニフレッドは気づいた。予定していた結婚式の日がきて、過ぎて行っても、結婚については一言も口にしなかった。弟たちのとりなしで、熊市の態度が軟化して祝福してくれることを、必死に願っているようであった。

そうこうするうちに、シティの台湾銀行にタキの就職が決まり、賃金契約がなされた。ふたりは結婚していなかったので、外出先や仕事仲間といるときは、ウィニフレッドはガールフレンドとして紹介された。日本の秩父宮殿下、妃殿下のレセプションにも、タキと共に出席したりした。しかし、フラットに誰か訪ねてきても、その人たちの前には姿を見せてはならなかった。

しだいに、ふたりの間の相違を、ウィニフレッドは認識しはじめた。タキを知れば知るほど、ときどき彼が示す横暴な態度が、気がかりになってきた。いかなる欲求にも従うと信じているタキに対して、ウィニフレッドは抗議も反撥もできなかった。しかし、その抑圧状態は、彼女の健康を害する要因ともなっていった。

タキの生活の仕方は、以前と何も変わらなかった。友達や同僚と毎晩、出歩き、ウィニフレッドは置き去りにされるようになった。これが日本の家庭の伝統的な暮らしとは知らずに、彼女は当惑した。いったいあの人は何を考えているのだろう。一緒にいるときは愛情を注いでくれて、会話もはずむのに！　夜の九時過ぎになると置き去りにされる。

十二月、信じられない光景をウィニフレッドは目にした。タキが友人たちとパリで休暇を過ごすために、旅行鞄に荷物を詰めている光景を。彼女は今や本当に孤独だった。昔の友達に連絡もできない。まして、ウィニフレッドに捨てられたと信じている妹には無理である。妹とは幼いころから仲が良かった。夜なべ仕事をしながら、姉妹はあの貧しい生活からの脱出計画をささやき合ったものだった。

クリスマスが近づくと、自分が未婚の母になるかもしれないという不安は募るばかりであった。ウィニフレッドは、あの親切な職場の上司の忠告を聞くべきだったのだ。彼や楽しく共に働いた同僚たちを恋しく思った。ひとりでぶらぶらと街を歩いて時を費やした。だが、クリスマス・ツリーやプレゼントで飾られたショーウインドーがきれいであればあるほど、見るのがつらく、ますます切なくなった。休憩のために入った教会で、今のわが身の不安定な立場を思うと、聖母マリアを理解できる

孝之、ロンドンの台湾銀行のオフィスにて。

ように思えた。

タキは新年が過ぎてから、お土産をたくさん持って、上機嫌で戻ってきた。休暇中のウィニフレッドの思いなどはまったく気づかぬふりだ。タキはウィニフレッドを理由に、パリで買い物をあちこちで楽しんできたのだ。たとえば内側にレースのついたベルトと、スリッパ付きの凝った豪華なナイトガウン。これから迎える出産にはふさわしいものではなかったが、タキには適切に思えたのだろう。彼はこれらの豪華なプレゼントを渡しながら、どんなにウィニフレッドを気づかっていたかを語った。彼の不在のために、ウィニフレッドがどれだけ緊張していたか、想像だにしなかったらしい。

その後のふたりの生活には、なんの変化も起こらなかった。相変わらず昔からの友人や銀行の同僚たちと、タキはほとんど毎晩出かけて行った。

ウィニフレッドは、もうこれ以上は彼とともに生活はできないのではという恐怖感を抱きつつ、ベビー服を縫い、寝具類を買って気分転換をはかった。窓辺に寄って、冬のジャスミンを眺めながら、「これが黄色い花をつけるころには、私の赤ちゃんは生まれているわ」と思った。

フラットには温水の水道はなく、お風呂に入りたいときは、亜鉛メタルのバケツで二階まで運び、ガスコンロで温めなければならなかった。しかも、腰湯につかるだけであった。

四月七日、湯浴みの最後のバケツを空にしたとき、ウィニフレッドは激痛で腰をかがめた。女家主が六時に戻るまで、たったひとりで待ちつづけ、恐怖におののいていた。ところが女家主は、お産は自然現象だから、タキが頼んでおいた医師を呼ぶ必要はないと言うのだ。その代わりに、ディケンズの物語に出てきそうな魔女風なお産婆がやってきて、ウィニフレッドをベッドに運び、お茶を飲ませた。彼女は暖炉のそばにでんと座りこみ、自分で持ってきた黒ビールをさっさと飲みだした。女家主はお産の成り行きを調べに、時おりドアから頭をひょっこりのぞかせる。

「ふたりはまるで、私という古い車を必死で動かそうとしているみたいだったわ」と、ウィニフレッドは後に回想している。

陣痛は確実に強まり、金切り声のため、ウィニフレッドの声は涸れ、汗でびしょ濡れになった。陣痛のたびに、ベッドに結び付けられたタオルに必死にしがみついた。お産婆は相変わらず無関心な様子で、暖炉のそばの椅子でビールを飲み続けていた。ウィニフレッドは医師を呼ぶように懇願したが、無視された。そして、それ以後のお産の記憶は途絶えた。

女の赤ちゃんの泣き声を初めて聞いて、あたりを見まわすと、タオルに包まれて、ベッドの脚のそばに置かれていた。ウィニフレッドのお腹は何ヤードかのシーツで縛られて、安全ピンで留められていた。卵、バターつきパン、そしてお茶を、「無事生還」祝いとしてふるまわれた。それから赤ちゃんはきれいに洗われ、洋服を着せられて、母親の腕に抱かれた。ウィニフレッドは我が目を疑った。その小さな顔は、父親の顔のミニチュア版であった。

ウィニフレッドが医師を呼んでほしいと主張したために、医師がやってきた。最初は、その時まで呼ばれなかったことに激怒したが、母子ともに健康であることを確認して帰って行った。

お産婆は朝晩、赤ちゃんの入浴とベッドメーキングのために来てくれたが、頼るべき女家主も父親タキもあらわれず、医師は自分の患者がまったくほっておかれていることに気づいた。女家主を探し出し、この家で母子ともに飢えさせれば、人殺し女になると怒鳴りつけた。

やっと、タキが戻ってきた。日本海軍の軍艦購入を委任された新任の日本人を手伝うために、イングランド北部で奔走していたのだ。

娘は生後二日目、ウィニフレッドは混乱状態。しかしタキの喜びと興奮は、ウィニフレッドが苦しんでいたその部屋を一変させた。タキは部屋を花で飾り、シャンパンで祝福し、レストランからおいしい料理を取り寄せた。タキのこんなやさしい心づかいに、ウィニフレッドは癒された。

自分の娘に魅了されたタキはカメラで写真を撮り、赤ちゃん誕生を日本へ打電した。タキは父のことで悩むのをやめ、結婚しようと語り、ふたりの将来を楽しく語りあった。タキは英語の母音が好きなので、赤ちゃんはアルマ（Alma）と名づけられた。

ふたりは、自分たちの子供の美しさに見とれた。アルマは花のようにきれいな肌と、すでに賢こそうな黒いつぶらな瞳、そして長くやや黒味をおびた髪の毛を持っていた。母親や夫の母親、そして助言をしてくれる来訪者がいなくても、ウィニフレッドは熱心に子育てをして、確実に母親として成長していった。

当時の英国には、多くの日本人が外交官や商社マンとして、あるいは単なる観光のためにやってきていた。そして誰もが英国を讃え、見習いたいと思った。そういう人たちの英国滞在のための支援を、タキはしばしば求められた。銀行側も、そうした活動は、タキにとってはデスクワークより優先すべきことであると考えた。そこで、英国中を旅行するようになったのだ。

特に、日本海軍のために軍艦を造船しているバロウ・イン・ファーネス社では、彼の技術的用語の翻訳のおかげで問題が解決されることが多かった。そこで、ビジネスマンや銀行マンが在留をはじめ、それにつれて日本のレストランやお店が出来てきた。タキはその人びとの公的書類作成、賃貸契約に大いに役立った。リヴァプールやその他の港では、水夫が陸に上がり、コック、給仕、庭師などをして、資金を貯めて洗濯屋やカフェを始めるケースもあった。裕福な日本人社会は同胞が困っていると、支援の手を差しのべていた。

一八八八年に設立されたケンブリッジの日本人クラブへ行くのが、タキの楽しみだった。その憲章には、「いかにイギリス紳士たるべきか、またその特質を検証するのが、このクラブの第一の目的である」とある。タキは「イギリス紳士にふさわしく」あることを議題とする定例会議に参加していた。この紳士道こそが、サムライ精神の家の息子として目指すゴールである。

このようにタキがあちこちで活躍すればするほど、家を留守にすることが多くなった。家にたまに帰れば、ウィニフレッドは赤ん坊のアルマに夢中。夜は夜で、タキは赤ん坊に悩まされた。ウィニフレッドも少し変わってきて、あまり文句を自ら進んで言わないし、タキに対しても辛抱強くなっていた。それは上の階に引っ越してきた、十八歳の娘がいるシャーリー・バーグマン夫人と親しくなったからだった。ウィニフレッドは信頼のおける人を得たのだ。夫人はもっと広いところへ引っ越したがっていて、ウィニフレッドとシェアできればという話になっていった。ひとりにされるのを彼女が嫌がっていることに気づいたタキは、仲間がいればと思い、賛成し、別居を決意した。

夫人は、ベイズウォターのレインスター広場付近の大きな屋敷を見つけてきた。女家主ミス・フォースターは、自分の屋敷を独立した五つのフラットに改造していた。正面玄関にはベルとテナントの名前が記された銅版もあった。ここで初めて、ウィニフレッドとアルマは孤独ではなくなった。アルマの誕生以来、〝ミセス・タキ〟としてふるまってはきたものの、ウィニフレッドはタキと離れ、バーグマン一家と引っ越して行った。バーグマン夫人と彼女は仲良く家事を分けあい、お互いに満足し、子供たちの面倒を見合った。

しかしタキのほうは別居をはじめてみて、自分が想像していたより幸せではないと思った。それは幼児期に感じていた孤独感とも、ロンドンでの初めての下宿で味わったあの寂しさとも異種のものであった。今の見捨てられた状況は自分が作り出したもので、なんて自分は愚か者であろうとタキは悟り、ウィニフレッドを恋しくてたまらなくなった。週に一度しか会えない。彼女に会う前の状況と同じで、座ってじっとウィニフレッドの写真を見つめていた。

彼女はタキにとっては誰にもとって代わりえない人物である。精神的に強靭であるとともに、やさしい性格である。タキの求めや指示にきちんと応じ、感謝の言葉を忘れなかった。そして、熱心にすべてを学ぼうとする。ウィニフレッドは、住む場所ではなく、〝家庭〟を、タキのために作り、子供も持たせてくれた。会うたびにすくすく成長しているアルマのことが頭から離れない。アルマはいまや歩き、話し、歌う。

ウィニフレッドとアルマによって、タキの生活は変化した。考えてもみないことだったが、ふたりと一緒にいるべきだという激情が走った。愚かな無分別な別居は、タキがミス・フォースターのフラットに引っ越すことで終止符が打たれた。

タキはついに、ウィニフレッドとアルマのすぐそばに再び住むことになった。しかし、ウィニフレッドには結婚していないという耐え難い状況が続き、この同居は、彼女には精神的につらいものだった。タキとの同居で、改めてふたりの教育的背景の差を痛いほど感じた。タキは英語を自由にあやつり、あらゆる分野の本を読み、初版本を蒐集し、蔵書はかなりのものであった。

生まれて初めてホワイトレイズのオークションへ出かけたウィニフレッドは、一八七六年作の素敵なマホガニー材の本棚を、当時としては高価な十五ポンドで落札した。この心のこもった贈物をタキは喜び、感謝した。本棚にほどこされた三人の侍女にかしずかれたクレオパトラのレリーフは円形で、当時は珍しいものだった。ウィニフレッドが住まいを変えるたびに、いちばん大切にしていた宝物がこの本棚であり、私自身の幼い頃の思い出のひとつでもある。タキは大喜びでこの新しい本棚にふさわしい本を蒐集した。

こんな辛い状況下でも、ウィニフレッドは確実に交際範囲を広げていった。毎日ケンジントン・ガーデンズへアルマと出かけ、そこで少し年上の夫婦と知り合い、お茶に招かれるようになった。また、メイベル・トヒという美しい英国女性と知り合った。夫君はずんぐりとした愉快な日本人で、シティで輸入業に従事していた。夫人が押す乳母車に乗っている子供たちは、まさにアルマと同じアングロ・ジャパニーズだった。つやつやと輝く黒髪の下には、賢こそうなクロイチゴのようなつぶらな瞳が輝いていた。こんな共通点を持つふたりは、固い友情で結ばれていった。

だが、現実のタキとの生活はウィニフレッドにとって耐え難いものであった。タキは毎日の生活を変えることをせず、外で毎夜を過ごしつづけ、乱れた服装で酔いつぶれて帰ってくることもあった。洋服を脱がせ、ベッドへ連れて行くたびに、母ルイーザとの辛いあの記憶がよみがえってくるのである。翌朝、タキは己れの弱さを悔い、ウィニフレッドに許しを乞うのであった。そして、ウィニフレッドとアルマへの変わらぬ愛と生活の保障を誓うのであった。

タキがどんなにか愛してくれても、生活の面倒はみてくれても、ウィニフレッドには、なぜひとり置き去りにされるのか、理解できなかった。しかも、タキはいまだに結婚しようとはしなかった。

ウィニフレッドは、東と西の間には、大きな文化的な違いがあることに少しずつ気づいていった。ことに夫と妻の関係については、日英間には越えることのできない深い淵があるように感じた。

英国では、お互いへの貞節が結婚の根底にある。しかし戦前における日本の富裕な人びとの間では、夫が妾をもつのは当たり前。妾とまでいかなくても、外での女性関係を妻たちは寛大に受け入れているのだと、タキはウィニフレッドに説明した。

「家庭と他の女性関係はまったく違う。妻と子供のいる家庭こそ、男にとっては人生の中心なのだ。外での関係は、一時的なものにすぎない」

タキは、真摯に説明を続ける。彼にとって、ウィニフレッドとアルマとはいかに特別な存在か。他の女性たちとはまったく違う、と。

黙って耳を傾けるウィニフレッドは、東西文化の間をさえぎる壁の厚さに押しつぶされる思いだった。ひとりの裕福で教養のある日本人男性と〝結婚〟したウィニフレッドは、じつは、背後の生活習慣や文化とも〝結婚〟したのだった。

日本で地位のある男性なら、ほとんど毎晩の芸者をはべらせての宴会や接待はあたり前。当時は妾や愛人をもつのも、富と力の象徴くらいに受け取られていた。子供が生まれると、認知して本妻か別宅で育てたり、手切金を渡すこともある。

英国王室の人びとは国民のお手本になることが求められていたし、上流階級の人びとの中には愛人をもつ場合もあったが、そうした行動はそっと行なわれていた。だが日本では、高位高官の人びとは、側室を堂々ともっているのが普通だった。

一九二〇年代の英国は恐慌に苦しんでいた。貧しい少女たちが、汽車の運賃だけをもって地方からロンドンへ職探しにきた。住み込みのメイドを目指すのだが、ひどい境遇に落ちる少女たちもいた。

ウェールズ南部からきたアイリス・ヘンディという十四歳の少女を、ウィニフレッドはメイドとして雇った。

かつては賞賛の眼で見上げた英国の社会が、第一次大戦後の不景気に苦しむのを、タキは寂しい思いで眺めていた。台湾銀行での地位も安定したタキとウィニフレッドは、不況の影響を受けなかった。しかし、同居する人間の数は増えていった。

アイリスの次は、ポーロックという女性歯科医の雑役係をしていた青年。歯科医がアメリカへ滞在中、追い出されてしまったのだ。それから、日本から他の銀行へ単身赴任をしてきたミスター・マノと、孤児院で育ち、今は台湾銀行のメッセンジャー・ボーイをしている十六歳のアルフレッド・ベーカーと、映画を勉強にきた若い日本人マツオだった。アルフレッドは、アルフィとよばれることになる。マノ氏は、日本に残してきた家族をいつも気づかっていた。アルフィは、やせて不安そうな眼をした少年だった。

一方、アルマはすくすくと育っていた。近くの女子修道院付属小学校に通ったが、先生たちからも友だちからも好かれた。ピアノとヴァイオリン、それにバレエも習いはじめた。

みんなのために快適な環境をととのえ、そして献身的な母としてほほえみを絶やさなかったウィニ

アルマとウィニフレッド（1926年）

フレッド。だがその穏やかな表情のかげには、人には気づかれない怒りと悲しみが隠されていた。

タキとウィニフレッドは、まだ結婚していなかったのだ。父の強い反対以降、タキは、〝結婚〟の話をしなくなっていた。〝ミセス・タキ〟とよばれてはいるが、それはにせものにすぎない。娘も〝アルマ・タキ〟となっているが、じつは私生児。

横暴な父のもとで貧しく育ったウィニフレッドは、大人になっても自分の意見を表明することができなかった。だが、少しずつ、このままではいられない、タキと別れようと思いはじめていた。アルマを女子修道院の寄宿舎にあずけ、自分がもとのように働けば、ふたりの生計をたてられるのではないか……

ところがウィニフレッドは、自分がふたたび妊娠していることに気づいた。もう、その計画を実行に移すことなどはできない。どうしたらよいのだろう?

ある日、ウィニフレッドは、ミスター・マノにすべてを打明けた。家族思いの彼なら、自分の窮状をわかってくれると考えたのだ。

ミスター・マノは、じっくりとウィニフレッドの話を聞き、タキを説得してくれた。そしてケンジントンの戸籍登記所へ一九二八（昭和三）年十月に婚姻届を出すように手配してくれた。

ウィニフレッドには友人のシャーリーが付き添い、タキにはミスター・マノが立会人となり、婚姻届を出すことができた。こうして、アルマの出生届は〝アルマ・エグチ〟に変更され、ウィニフレッドも、〝ミセス・エグチ〟となったのだった。

ミスター・マノの説得まで何も気づかなかったタキは、動揺していた。

ウィニフレッドが自分と別れようと考えていたなんて、まったく気づかなかった。父の反対を重視して、〝結婚〟を止めてしまったこと。自分にすべてを捧げてくれた女性、そして自分も深く愛している女性が、じつはそんなにも苦しんでいたのだ。アルマのためだけに耐えていたに違いない。

父の承認の方が、ウィニフレッドの幸福よりも重要だというのか！　彼女は一言も不平を言わず、やさしく自分と子供の世話をしてくれていた。ふたりのいない人生など、考えられない。タキは後悔し、妻子との生活をやり直す決心をした。

ウィニフレッドも、タキが変ったことは感じていた。体調はよくなかったが、アルマは「お姉さんになるの！」とよろこんでいた。

＊　＊　＊

私が生まれたのは一九二九（昭和四）年五月二十二日のことだった。そして、エドナ（Edna）と名付けられた。

私は弱くて、神経質な赤ん坊だったらしい。たびたびひきつけを起こしたり、ミルクを吐いたそうだ。だが、半年もするとかなりよくなり、ウィニフレッド、つまり私の母の健康も回復した。

父親のタキは外での接待を減らし、家へ客を招くようになった。それに合わせて、ウィニフレッドは銀器や高級な食器をそろえ、テーブルには花を飾った。

リッツやサヴォイなどの高級レストランでの食事のおかげで、彼女は料理の腕を上げ、客たちにも好評だった。アイリスとポーロックも手伝ったし、子供の頃の貧しい日々は、ウィニフレッドには遠いものに思われた。

夏休みには父親のタキは、ブライトンの近くの海岸にフラットを借りた。私たちはそこに住み、週末にはタキやミスター・マノたちがやってくるのだった。皆が満足しているような雰囲気の中で、アルマは次々と新しい遊びを海岸などでみつけ出すのに夢中だった。

一年後、ミスター・マノが日本に帰ることになった。その日、部屋の窓辺に立ったミスター・マノは、学校に行くために家の外の階段を道路に向かっておりながら、腕を高くあげて振っているアルマをみつめていた。

彼も腕を上げた。だが、彼は涙をこぼしていた。愛していた小さな女の子に、もう二度と会えないという予感でもあったのだろうか?

ウィニフレッドとエドナ（19?? 年）

東は東、西は西
両者は時には出会い、
愛し、そして勉ぶことも……

第3章　呪い

一九三〇（昭和五）年二月十五日、私たちはロンドン中央部で、上流階級の人びとが多く住むケンジントンのエルジン・クレッセント一二三番地の大きな家へ移った。地下室もついた三階建て。だが、二階には借家人がいたので、その人たちには出ていってもらわなければならなかった。老婦人と成人した息子の一家だった。

私の父タキが提示した金額は一軒の家が買えるくらいだったので、息子の方は大喜びだった。だが、母親の老婦人は出て行くのがいやで、怒り狂っていた。

最後の日、息子が母親を家から引きずり出そうとすると、彼女は私の母ウィニフレッドにむかって、悪口雑言を瀧のようにあびせかけた。

「お前を呪ってやる！　お前とお前の夫を呪ってやる！　この家の中では一日たりとも幸福な日をもてないように、わたしはお前たちに呪いをかける！　決して一日たりとも幸福を……この家の中では！」

母は、ただ震えていた。

その不安は時々彼女を襲い、老婦人の呪いは、心の中にこだまのように響くのだった。

一方、アルマの学校にも近いこの家を、父は気に入っていた。水道管などの修理もさせた。

アルマと私の世話をするアイリスは、家の裏の大きな庭へ私たちをたびたび連れて行った。芝生や大きな樹々があって、子供たちが遊ぶには最適だった。

クリスマスが近づくと、父は買物に忙しかった。アルマには等身大のドイツ製の人形、私にはそれより小さい人形。そしてその他にもたくさんのおもちゃや本。

エルジン・クレッセント 123 番地の家

クリスマス・イヴの夜、私たちが眠っていると、両親はそっと靴下の中にサンタからのプレゼントをいれておいてくれた。

母は、父に何を贈ろうかと懸命に考えていたらしい。クリスマスの朝、アルマと私が両親のベッドの上で遊んでいると、母は父に金の指輪を渡した。TEと彼の頭文字が刻まれている。そして内側には「ウィニフレッドとアルマとエドナ

踊るアルマ

より」と。

感動した父は、それをすぐに指にはめた。それは、父が死ぬまで彼の指からはずされることはなかった。彼の死後、その指輪は私に渡され、これを書いているたった今も、私の指にとどまっている。

だが、そのクリスマス・ホリデイの季節は、母にとってはおぞましいものになってしまった。何人かの客人たちが泊まっていた中に、ひとりの洗練された女性がいた。夜中に私の様子をみるために廊下に出た母は、ゲスト・ルームから声が漏れるのに気づき、パッとドアを開けた。その女性と父が同じベッドで寝ているのを発見した母は、震えが止まらなくなった。富裕な男性が女性関係をもつのはあたり前という考えをもつ夫に、母は憎しみを抱いた。

一九三一（昭和六）年一月四日、母はアルマを連れて学用品などの買い物に出かけた。その後で、母は昏睡状態におちいり、三週間の療養を医師から指示された。

アルフレッドとマツオは氷で母の頭を冷した。彼女の夢の中には、あの魔女のような老婆がたびたび姿をあらわし、呪いの言葉を投げつけた。

一月二十五日、父はアルマを科学博物館へ連れて行った。帰ってからは二人でお茶をたのしみ、九

時の就寝前には、アルマは父に、

「グッド・ナイト。今日は連れて行ってくれてありがとう」

と言いにきた。

しかし、元気だったアルマが急に高い熱を出した。往診した医師には原因はわからなかったので、しばらく様子を見ることになった。

よちよち歩きの幼い私は、これからの出来事は漠然としか覚えていない。

だが、あのクリスマス・シーズンの父の不貞が母を傷つけ、二人の間に溝が生じていたのだ。愛しい娘の病気をともに心配する立場になっても、その溝は埋まらなかったらしい。

二月四日、アルマは救急車で病院へ運ばれた。この四という数字は、日本では〝死〟を連想させる不吉な数らしい。父のタキはアルマのまだあたたかいベッドにすわり、泣いた。

その日の夕方、両親は病院で医師の診断を待っていた。真夜中近くになって、ついに医師が二人に近づき、ウィニフレッドの肩を腕で支えながら、アルマは髄膜炎をわずらっており、死ぬという選択肢しかないことを告げた。

父のタキは気を失い、その場に倒れこんだ。一方ウィニフレッドは、静かに、

「いつでしょう?」

と訊ねた。

「わかりません。数時間後か、数ヶ月後か、何週間後かもしれない……」

と医師は答えた。

ウィニフレッドは、アルマの看病のために近くの病院へ移った。この元気で健康だった九歳の少女アルマが旅立つまでの三週間、彼女の勇気と優しさは人びとに感銘を与えた。

モルヒネなどの薬のために、アルマの視力は弱っていった。痛みが強くなると、彼女は両親と神に助けを求めるのだった。

ある日、彼女は父の手を自分のあごの下でしっかりと握り、話しかけた。

父のタキは、アルマの言葉を彼の日記に書きこんでいた。アルマは言った。

「ダディ、あなたはとっても親切で、思慮深くて、勇敢。自分よりも、他の人たちを助けて下さる。わたしに親切にして、ダディ、よくして。おお神さま、どうぞ助けて下さい」

タキは言った。

「私たちは、お前のために祈るよ、アルマ」

「イエス、わたしのために祈って、ダディ」

彼女がそう言ったとき、かすかな微笑みが彼女の唇に浮かんだと、タキは書いている。

「日記」は続く。

「妻が病室に入ってきたので、私は交替してオフィスへ向かった。途中、今朝アルマが語った言葉について考え続けていた。私がかつてやさしく、思慮深く、勇敢で献身的だったことがあっただろうか……アルマに対して？　オフィスの椅子にすわって、私は泣いた。唯一の慰めは、私がそのような人間でなかったとしても、アルマは理解し、許してくれるだろうということだった。祈りながら、私は心に誓った。アルマの神々しい言葉は、私の将来のモットーになるだろう。そしてアルマの願いと使命を実行するであろうことを」

父は他の医師たちにも相談し、診察してもらったが、抗生物質がまだ発明されていない当時では、手のほどこしようもなかった。

アルマは八歳から十一歳の少女団体、ブラウニイの会員だった。リーダーのミセス・ハリディは、ブラウニイの制服を着てアルマを見舞った。アルマは、

「ブラウニイのパレードに参加できなくて、ごめんなさい」

とあやまった。

ミセス・ハリディは、アルマの静かな死の受容に胸がつまった。するとアルマは、

「あの人も、参加できないのよ」

と、最も仲のよい友だちの名前を告げた。その時は何のことやらわからなかったのだが、その友人は、アルマが死んだ日に、自動車事故で死んだのだった。アルマは、そのことを知っていたのだろうか？

マツオとアルフィもアルマの氷枕に氷を入れつづけた。二人にとっても、エルジン街に移ってから

一家を次々に襲った不幸は信じ難いものだった。ウィニフレッドは、あの「呪い」を彼らに語ったのだろうか？　多分そうはしていないと私は思う。

二月十七日のタキの日記。

「アルマの容態が急変。あまりにやせ細って、見分けがつかないほど。かわいそうなダーリン！　彼女は本当に苦しんだ。高熱は燃えるようで、息苦しい呼吸音。十一時前、私が『さようなら』を言おうとしたとき、アルマは突然に上体を起こした。私は走って病院の近くの聖ジョン教会へ行き、牧師をともなって戻った。祈りと臨終の儀式の十五分間、ドクター・キャノンと看護婦も私たちと共にいてくれた。

病院の外には冷たい風が吹きすさび、空は完全に暗くなった。病室の中での私たちは、ただ黙ってアルマの荒い呼吸音に耳を傾けていた。

この重苦しい雰囲気の中で、私たちの耳に遠くからかすかな音が響いてきた。『プリンス・オヴ・ウェールズに神の御恵みを』のメロディーを奏でるラッパの音だった。子供たちはよくそれを歌ったし、アルマの大好きな曲のひとつだった。

医師や看護婦も、私たちとともに涙を流した。この曲は、神が神の王国へとアルマを導いてくださるように私には感じられた。アルマの息は静かになり、十一時二十五分に去って行った。そのすぐあとに、代父が別れを言いに病室を訪れたのも不思議なことだった。

アルマの体はまだあたたかかった。イエス、アルマはずっとあたたかいままでいるだろう。彼女の母と父が彼女をあたためるから。」

アルマの死後、ウィニフレッドは倒れ、ベッドへ運ばれた。三週間もの間、彼女は治る見込みのない娘の看病をつづけたのだった。彼女自身が病身だったのに。

検屍の後、アルマの遺体は家へ運ばれ、客間に安置された。タキは部屋にかぎをかけたが、ウィニフレッドはそれをあけて中に入り、花に埋もれたアルマの棺の脇にすわった。ちょうど、病室でアルマのベッドの脇にすわったように。白いドレスを着たアルマは、初めて聖餐式に臨む少女のようだった。髪は母によって洗われ、くしを入れられたばかりのようにみえた。ウィニフレッドは喪失感に打ちのめされたまま、茫然としていた。

父親のタキも、また、悲しみに沈み、すすり泣き、祈っていた。しかし彼の取った行動は思いがけないものだった。彼はアルマの部屋を空っぽにした。アルマを思い出させる物を眼にするのは堪え難かったのだろう。彼女の衣類も、本も、おもちゃも、すべてを捨ててしまった。

ウィニフレッドが、アルマの空っぽになった部屋を発見したとき、「許せない！」と怒りがこみあげてきた。

アルマが存在したという記憶は、すべて消されていたのだ。

ウィニフレッドは、もうひとりの娘のことは忘れてしまったようだった。枯れかかった花の匂いがたちこめ、雰囲気ががらりと変った家の中を私が走りまわり、部屋〳〵の閉められたドアを開いて両親を探しまわっても、人びとは私の存在を忘れてしまったようだった。

私は若い子守のアイリスにまとわりついたのだが、彼女自身も変っていた。妹のように世話をしてきたアルマの死は、アイリスのことも打ちのめしていた。

葬儀についても、ウィニフレッドはほとんど何もできなかった。ウェールズから出てきてくれたアイリスの母、ミセス・ヘンディがすべてを取り仕切ってくれた。

黒枠のカードが配られ、そこには葬儀は二月二十日金曜日の十一時四十五分から、ラドブローク・グローヴのランカスター・ロード・ウエズリアン教会で行なわれ、埋葬は十二時三十分にケンジントン墓地で、と書かれていた。

簡素な葬儀は感動的だった。父親のタキの台湾銀行の同僚たちをはじめとして、ロンドンにおける日本人社会の有力者たち、近所の人たち、他の友人たちも出席してくれた。

小さな棺が運び出されるとき、アルマのブラウニイの友人たちが整列して見送った。参加者たちは涙を浮べ、たのしい未来を突然に断ち切られた少女の突然の死を悼んだ。

埋葬のとき、タキは妻の無表情な横顔を見て、そっと涙を流した。あわれみと自責、そして悲しみが、彼を押しつぶしていた。

タキはケンジントンの墓地の奥まった一画に土地を買っておいた。彼自身とウィニフレッドとの永遠の休息の地にするためだったのだ。だが、まったく違った目的のために、それは使われることになった。
墓は白大理石で区切られ、三重の大理石台の上に大きな十字架が据えられた。その十字架上には、次の言葉が刻まれていた。

“アルマ・ウィニフレッド・エグチの
いとしい記念として。

1922年4月8日に生まれ、
1931年2月17日に死す。

神は我が羊飼いなり”

第4章　光を見つつ

アルマの死は、両親の人生だけでなく、二人の関係にも大きな影響を与えることになった。

その変化は、彼女の死後三週間たってからはじまった。まず子守のアイリスは傷心のまま、強力な助け人だった母親のミセス・ヘンディとともに去って行った。次いで、アルマとアイリスのいなくなった家にとどまるのが辛くなったアルフィとマツオも、出て行くと言い出した、アルフィは台湾銀行にやとわれているので、タキは出て行くことを許さなかった。だがマツオはそうではないので、家を出てコーンウォールへ移住して行った。

幸福なよちよち歩きの幼児だった私の世界から、次々に人が消えていった。姉も、子守のアイリスも。そして両親には、私にかまう余裕がなかった。

私は変ってしまった。もとは幼児用ベッドに立ち上って、いろいろな歌を歌う元気な幼児だったが、急に静かになり、指をしゃぶりだした。掃除機の音がするとひきつけをおこし、顔が青くなったりした。

あのクリスマスの事件以来、両親の間にはわだかまりがあった。ウィニフレッドには、この結婚はもう終ったような感じだった。同時に、あの老婆の呪いが彼女を苦しめていた。自分がアルマの死の原因になったのではないだろうか？　あんなに元気だった少女が、このような突然の死をむかえるものだろうか。一家が経験した災難を考えると、この先なにが起こるのか？　あの老女の予言が実現するのではないだろうか。呪われた家には、もう住みたくない。ウィニフレッドは家出も考えた。

だが、父のタキはどうにかしてふたりの生活を立てなおそうと、夜の外出もやめ、最大限の努力をした。ウィニフレッドは三度目の妊娠をしたが、体力が続かないようだった。医師はロンドンを出て、転地療養をすすめた。そして、ベックスヒルのメトロポール・ホテルに、二ヶ月滞在することが決まった。ロンドンから南方、イギリス海峡に面した町である。

出発前のことだった。私を乳母車にのせて押していると、私が突然、母のうしろを歩いている人を指さし、「アルマ！　アルマ！」と叫んだ。ふりむいたウィニフレッドは、アルマによく似た少女が立っているのを発見した。黒い髪に東洋の眼、これが日英混血の少女、モヤ・タニとの出会いだった。どこに住んでいるのかを訊ね、ウィニフレッドは近くに住んでいた彼女の両親に会いに行った。彼女の父は日本人で有名な柔道家だった。モヤは時々あそびにきてくれて、亡き姉の代りをつとめてくれた。

ベックスヒルに発つ前に、ウィニフレッドはラッパ水仙を一四四束買い、モヤに手伝ってもらって、アルマの墓を黄色いじゅうたんを敷いたように飾った。それから、日本の桜の木も植えた。四月八日、アルマの十歳の誕生日のことだった。

＊　＊　＊

ある日のこと、巨大な木箱が数個、日本から届いた。熊市からの贈り物である。

木箱の中からは、何本もの掛軸や数多くの骨董品が出てきた。孫の死を哀悼するための心づかいであった。後に大英博物館に収められる、十七、八世紀の日本画も含まれていた。その中には太田南畝《なんぽ》（蜀山人）や伊藤若冲《じゃくちゅう》、藤本鉄石、貫名海屋《ぬきなかいおく》（菘翁《すうおう》）など、高名な文人・書画家の作品も多い。

これらの贈り物は、父のタキにとっては大きな慰めとなった。長年会っていない父の愛と許しのしるしだったからである。

しかし、ウィニフレッドは反対に、こうした古い物へは憎しみを感じた。たった九年しか生きられなかった娘に対し、庭の大木さえもうとましいのに、骨董品などはなおさら嫌だった。

アルマのいないクリスマスは、寂しいものだった。両親は私のために精一杯のことをしてくれたものの、悲しい祝日になってしまった。

そして、一九三一（昭和六）年十二月三十日の朝、弟が生まれた。新生児を腕に抱いたウィニフレッドは、ショックを受けた。彼の小さな顔は、ひからびてしわがより、老人のようだったのだ。自分の悲しみと苦しみを、九ヶ月間にわたってお腹の中で共有していてくれたのかと、ウィニフレッドの心には愛と憐憫の情がこみ上げてきた。赤ん坊は泣きつづけ、ウィニフレッドも一緒に泣いた。

弟のイアン（Ian）が生まれると、疎外感を強めた私は、より気むずかしくなった。ミルクを拒否し、無理に飲ませられると、吐いた。本当は関心を示してもらいたかっただけなのだが、小児科医は、遺伝的に牛の乳を受けつけないのかもしれないと判断した。

イアンの方も問題をかかえていた。体重が増えない。病院でいろいろな検査をしたが、原因は不明だった。ウィニフレッドは、貧血なので、生レバーを毎日食べることと診断された。

六月に父のタキは、妻と子供たちを海岸へ移すのがよいと判断して、ブロードステヤーズに家を借りた。英国の南東部。ロンドンにも近く、海岸保養地として有名だった。ウィニフレッドと私たちは、メイドのヘティと一緒にその家に住むことになった。

イアンは特別な薬を、ロンドンから毎日、汽車で送ってもらっていたが、診察も受けなければならなかった。

ある日、イアンの診察を受けて外に出たウィニフレッドは、突然に意識を失って倒れた。救急車で病院に運ばれた彼女は、敗血症と診断された。当時の唯一の治療法は、連鎖球菌の血清を背骨に注入することだった。それをしたら、あとは意識のない病人を見守り、祈るだけ。生存は期待できなかった。

＊　＊　＊

ずっとあとになってから、この生と死の間を彷徨していた時期について、ウィニフレッドは次のように語った。

「光があったの。太陽と月が一緒になったより、もっと輝いた、見たこともない光。美しくて完璧な光。私はそちらに惹かれて行った。アルマが私の手を取って、『マミィ、マミィ、一緒にきて！』と呼びかけながら、私の顔をその光へ向けようとした。どれだけアルマと一緒に行きたかったかわからないのに、私はその光に顔を向けることができなかったの。」

この経験は、多くの臨死体験をした人びとが語る状況に似ている。もし私の母がその光の中に入って行ったら、彼女はおそらく死んでいたことであろう。

それから数週間、ウィニフレッドは病院のベッドに横になっていた。見たり聞いたりはするものの、なにも反応は示さず、生きる望みを捨てたかのようにみえた。イアンが運ばれてきたときも、彼女は無反応だった。やせた赤ん坊でも彼女の弱った腕には重すぎるようで、看護婦が抱き取ったときには、ほっとしたようにみえた。

イアンをつれてきてとはその後もたのまなかったし、私のことも口にしなかった。アルマの小さい手だけを握っていたのかもしれない。その方が、周囲の現実よりは、彼女にとってはもっと真実だったのかもしれない。

父のタキも含め、全員が彼女を勇気づけようとした。だが、彼らの声はまったくとどかず、呪いをかけられたかのように　影が薄くなっていくのだった。

タキは、そのときたまたま英国に滞在していて、イアンの代父にもなってくれた友人、シゲオ・イシカワに助けを求めた。シゲオは病院に来て、ウィニフレッドのベッドの脇に立ち、しばらく眺めていた。それから、シゲオは大声を上げ、ウィニフレッドを叱り出した。

「あなたは、感謝することを知らない人だ。病院の人たちが、どれだけのことをしてくれたか！　子供たちの世話もせず、自分のことばかり考えているこんな女を妻にもった夫を、私はあわれむ。ひどい女──妻であり、母親だ！　みんな、うんざりしている。『死にたい』があなたの唯一の望みなら、さっさと死になさい。みんなの時間を浪費しないように。あなたがいかに不名誉な存在か、皆は礼儀正しすぎて口にすることができない。でも、私ははっきりと言ってあげる。あなたもわかったはずだ！」

シゲオは病院の外へ飛び出し、涙を流しながら歩き去った。彼は、自分が言ってしまったことに驚き、ぞっとしていた。

ところが、なんと、今まで誰もが成功しなかったことを、シゲオの叱責が成し遂げたのだ。ウィニフレッドは起き上がり、少しずつ回復していった。シゲオは彼女の命の恩人だったのである。

ウィニフレッドが病床にあったとき、父のタキの関心と努力は妻にのみ向いていた。子守をやとってくれたが、イアンにも私にも、彼は興味を示さなかった。アルマの美しさと生き生きとしたかわいらしさをもたない私のことを、むしろうとましく思っていたのではないだろうか。吐いたり、ひきつけたりする私に、父のタキは、

「黙らないと、ゴミ箱に捨ててしまうぞ！」

と、どなったことがあった。

三歳の私にとって、それは決して忘れることのできない恐怖になった。そのゴミ箱は台所の外の階段を下りた場所にあったが、ウィニフレッドは貧しい人たちのために古い衣類などを袋に入れておくこともあった。醜い魔女のような老婆が毎日取りに来ていた。もしタキが私をそこへ捨てたら、あの老婆が私を連れて行くのだ！　あの家に住みつづけた間、それは悪夢のように私につきまとった。

一家があまり健康ではなく、ウィニフレッドのように、あの〝呪い〟が全員をおおっているように感じたのか、父のタキは海辺に別荘を買うことに決めた。

妻と子供たちはそこに住み、タキや友人たちは、週末に行く。ロンドンと田舎に家をかまえるためには、ヘティのほかに、メイドがもうひとり必要になる。アグネス・ケーデルというメイドを雇い、一週間ごとに交替させることにした。アグネスは清潔で静かな若い女性だった。

タキはサセックスに五五〇ポンドで〝海と丘の間〟に新しい家を買い、一九三三年の春、ウィニフレッドと子供たち、それにヘティがそこへ移った。家具、銀器、骨董品、本などのすべてを、ウィニフレッドはエルジン・クレッセントの家に残した。そこへ戻ることはもうないとは、その時の彼女は思いもしなかった。

父のタキと男の召使いポーロックと、メイドのアグネスの三人が、その家に残った。

光を見て

死を近くにして、彼女は白い光を見た
太陽と月よりも輝いた……
でも、私たちから離れなかった

第5章　海と丘のはざまで

海辺の近くの新しい家では、母が家の中の整理をする間、私は「海のそばにいるのは好き」という歌を歌っていた。

私たちは近所や海辺を、毎日が休日のような感覚で歩きまわった。イアンも、戸外に出した乳児用ベッドで眠り、周囲のすべての物に満足そうに興味を示した。

私がはっきりと記憶しているのは、この頃からの出来事である。もっとも、私たちの人生を変えることになる世界情勢の変化などについてはまったくわからなかったけれど、新しい家での日常生活や特別な出来事については語ることができる。

家の三方は、なにも植えてない地面だった。父はアルフィに手伝わせて、玄関から門に通じる道をコンクリートで造った。家の脇から裏の入り口へ、そしてそこから裏門への道も造った。それから、苔と岩で日本式庭園も。父はコンクリートで燈籠も造った。故郷の神社や寺に安置されているものを模して、小型に造ったのだ。

毎週、父は母にリストを送ってきた。週末に必要な材料が書かれていて、母はそれを注文し、配送させるのだった。父は小さな池も造った。日本の伝統的な方法では、そこに鯉をおよがせるのだが、手に入れることができないので、金魚を何匹か入れた。

父はこうした〝創造〟を楽しんでいた。いろいろな材料や機具を用いて、庭を造る！……イアンと私は彼の仕事ぶりを興味深く眺めていた。手伝うことがあると、その仕事に加わることもできた。セメントをこねたり、父が材料に釘を打ったり、のこぎりをかけるときなど、木材を押さえたりした。

母ウィニフレッドは、庭いじりをした経験はなかった。だが、私たちが遊べる芝生とか、バラ、ルピナス、タチアオイ、ラヴェンダー、クロタネ草などを植えたいと考えたらしい。まず庭に大きな正方形の線を引き、くま手で土を掘り起こし、小石を取り除いて表面を平にして、芝生にするための種を播いた。

父と娘（著者）

この芝生の一方の端には、銀色がかった緑のマクロカルパ樹を植え、反対側には四本のポプラを植えた。父の日本庭園とはフェンスで仕切り、野菜畑も作り、トマトやレタス、二十日大根やインゲンなども植えるつもりだった。また、小さな花壇もあちこちに作り、パンジー、ペチュニア、デイジーなどを植えた。正面玄関の脇には黄色いバラを植えた。庭にバラを植えると、私たちが走りまわったときに刺で怪我をするからと、父がバラには反対したので、それがただ一本のバラとなった。

家の中は、ロンドンから運んできた家具を置いただけなので、特に高価な物はなかった。家の裏にヴェランダを作らせたので、スペースも広がり、冬も太陽が暖かく照らしてくれた。そこへ小さな暖房機を置いたので、冬でも私たちは遊びつづけることができた。

リヴィング・ルームの壁には日本の絵画が飾られていた。ひとつは、一年十二ヶ月を示す絵で、もうひとつはサムライが海辺を馬で走っている絵。桜の花に小鳥がとまっている絵もあった。これらはほとんど価値のない作品だった。貴重な古い掛軸は、銀行の金庫の中にしまってあった。

リヴィング・ルームの壁には、日本でも人気のあるフランク・ブラングィンの「ウィンチェルシーの風景」と題した版画も飾られていた。暖炉の上にはマピン・アンド・ウェブ製のすばらしい時計と、小さな金色の家と周囲の風景を描いた日本の花瓶、それにベートーヴェンのブロンズの胸像が置かれていた。暖炉の両脇には二つの木製の安楽椅子、前方にはダイニング・テーブルと椅子があった。

父が安楽椅子にすわって読書しているとき、イアンはモデルカーを、その肘の部分に押し当てて上下させるのが好きだった。もうひとつの安楽椅子には母がすわり、編み物などをしていた。暖炉の前の小さなじゅうたんの上には、やかんをのせる三脚台があった。台所の石炭を使う湯わかしの上には、もうひとつのやかんがのせてあった。

セントラル・ヒーティングはまだない時代で、ベッドは熱い湯を入れた瓶であたためたり、寒い浴室からタオルにくるまって暖炉まで走ったのをよく覚えている。炉の前の金網にパジャマがかけてあったので、そこで体をふき、暖かいパジャマに着替えたのだ。

こうして、ランシングでの私たち一家の週末は、おだやかに楽しく過ぎて行った。

ある週末のことだった。父は祖父の熊市からの手紙をもってきて、妻に翻訳しながら読みきかせた。どんなに強くタキが父の愛を感じ感動しているか、ウィニフレッドは理解することができた。

熊市は、タキに妻と子供たちを連れて、次の年に日本へ来るようにすすめていたのだ。日本で自分たちや親類縁者たちに会わせるためにだった。

二万マイルの海旅——その長い長い距離は、ウィニフレッドを不安におとしいれた。だが、タキは懸命に彼女を説得した。大日本帝国における政治、経済、外交などで重要な地位にある家族の間では、このような旅はあたり前なこと。それに彼自身経験した多くの船旅は、どれも楽しいものだったと。

それに、これはすばらしい休暇にもなるだろう。子供たちにとっても、彼女にとっても。途中で立ち寄る多くの国々を見るチャンスにもなる。父はすべてうまく行くと自信たっぷりで、海の空気は母の健康にもよいと言った。

父は上機嫌でロンドンに帰って行ったが、母は海辺にたたずみ、遠く水平線を眺めながら、これからどうなるだろうと途方に暮れていた。六週間の船旅に恐怖を覚えたし、タイタニック号の悲劇—沈んで行く巨船の甲板上の船客のイメージが浮かび、彼女を苦しめた。

ウィニフレッドは、一度も英国から外へ出たことがなかったのだ。

秋が近づくと、母はロンドンに戻らなくてはと言い出した。だが父は、海の健康的な環境とアレキサンダー医師のそばを離れて、煙っぽくて霧深いロンドンに戻るのは賢明ではないという意見だった。冬の間は海辺にいるほうがいい。私たちは、そうすることにした。

アルマの死以来、クリスマスは辛い季節となっていた。それ以前のロンドンでのパーティとは比べものにはならないが、それでも仕合わせなクリスマスを、私たちはそこで祝った。

父は母と私たちにたくさんのプレゼントを抱えて、ロンドンからやってきた。父からのプレゼントだけではなく、台湾銀行の同僚、日本大使館の館員、日本の祖父や叔父たち、新しくできた友人たちからのものもあった。私たちは、みんな満足し、幸福だった。

しかし、新年に入ると、大きな衝撃が、母ウィニフレッドを襲うことになった。

ある日、何通もの手紙を書いていた母は、便箋がたりなくなった。別の部屋の文房具などをしまってある箱を開け、便箋を取り出してみると、中に一通の手紙が入っていた。差出人はアグネス。ロンドンのエルジン・クレセント街の家でやとったハウスキーパーだった。そして宛名は、ランシングでのメイド、ヘティだった。

何気なく、母はその手紙を読んだ。するとそこには、

「ミスター・エグチは、週末にはそっちで妻とベッドを共にしているの?」

と書かれていた。

強いショックを受けたウィニフレッドは、ヘティを呼び、その手紙をつきつけて詰問した。困り果

てたヘティは、

「ミスター・エグチとアグネスは特別な関係にあります」

と、ついに認めてしまった。

ウィニフレッドはすぐに駅に行き、ロンドンへの汽車に乗った。彼女は決心していた。この問題についてアグネスと正面から向き合い、彼女をハウスキーパーの職から解雇して、すぐに出て行かせるつもりだった。

自分の家にたどり着き、ベルを鳴らすと、パジャマの上にガウンを羽織ったアグネスがドアを開けた。

踏み入ったウィニフレッドの眼には、ダイニング・ルームのテーブル上の食器が飛びこんできた。朝食に使った二組のコーヒー・カップや皿が、まだそのまま残されていた。それは、アグネスがこの家のハウスキーパーとしてではなく、女主人としてふるまっていたことを示していた。

怒りで凍りついたウィニフレッドは、アグネスとまともに話をすることはできず、

「すぐに荷物をまとめて、この家から出て行きなさい！」

とだけ叫んだ。

二人分の食器とガウン姿という〝証拠〟によって追いつめられたアグネスだったが、

「私は無実だわ！」

と叫び返した。そして、タキが毎週末にランシングへ行くのは、子供たちに会うためと、ウィニフ

レッドが異常な嫉妬心をもっているからだとどなった。

「解雇するなら、一ヶ月分の給料をください」

とも要求した。

ウィニフレッドは充分なお金をもっていなかったので、台湾銀行に電話して、タキにすぐ家に帰るようにと告げた。

動揺したタキは、すぐにタクシーで戻ってきた。

ウィニフレッドは、アグネスの変化にびっくりした。さっきはどなり続けていた気性の激しい女が、涙声でささやくようにしゃべる哀れな存在に変身したのだ。

「アグネスは病気なんだ。だからこういう格好でいる。健康になるまでは解雇なんぞできない」

とタキは言った。

そして二人ともが、特別な関係にあることを否定し、ウィニフレッドの妄想だと、むしろ彼女を責めるのだった。

議論は堂々めぐりをして、何時間も続いたように思えた。ついにタキはアグネスに、

「着替えてきなさい」

と命令した。そしてお金を渡し、大きなスーツケースを買い、荷物をまとめるようにと告げたことで、その場はおさまった。

二人だけになると、タキはウィニフレッドが心配しているようなことはまったくない、とくり返し

た。自分は妻を愛しているし、それが真実だ、と。

アグネスは優れたハウスキーパーで、家事などで自分がしてもらいたいことを正確にわかっている。自分は仕事で忙しいし、日本へ行くまでの間だけのハウスキーパーを新しく探すのは面倒だ。皆が日本に滞在している間は、家は他人に貸すことになっているので、その時点でアグネスはどちらにしても出て行かねばならない。しかし、ウィニフレッドが、「どうしても、たった今！」と主張するのなら、アグネスを解雇しよう。

タキを信じたい気持もあったのだろう。彼の説得を受け入れたウィニフレッドは、アグネスが日本旅行まではとどまることに同意した。タキはウィニフレッドをヴィクトリア駅までタクシーで送り、ランシングに行く汽車にのせた。

疲れて混乱したウィニフレッドは、その週を感情のシーソーの揺れ動きのような状態ですごした。夫の言ったことを信頼すべきではないだろうか？　でも彼女が実際にロンドンで見たことや、ヘティの言ったことは？

タキは、いつものように土曜日にやってきた。そして、何事もなかったかのようにふるまった。

「あのハウスキーパーはまだいるの？」

と訊ねてみると、彼は、

「もちろん」

と答えた。彼女は何も悪いことはしていないし、一家が日本へ旅立つときにいなくなるのだ。そしてもう一度、タキは自身の潔白を主張した。

ウィニフレッドは、自分がどうしようもない状態にはめられているように感じた。アグネスを解雇する唯一の方法は、自分がロンドンへ帰ることだった。だがロンドンの冬が自分と子供たちの健康に及ぼす害を考えると、帰ることはためらわれた。自分を愛し大切にしているというタキの主張は、疑わしいと感じていた。しかし、心の底ではそれは本当だとも思っていた。アグネスのために自分を捨てたりしないということもわかっていた。ただ、ロンドンの家に夫が愛人をもっているという事実を、受け入れなくてはならないのだろうか。日本での六ヶ月が、この件を終わらせてくれるのだろうか。

タキ自身は、ウィニフレッドが結婚生活における貞節を重要視していることをよくわかっていた。そして、他の女性と彼を分け合うことなど決してできないということも。

だが、彼自身に関する限りは、考え方はまったく違っていた。二人の女性たちと違ったやり方で関係をもつことは可能だったのだ。ウィニフレッドは彼の妻であり、子供たちの母として、彼女との関係は、ほかの女性たちからおびやかされるものではまったくなかった。

一方、ハウスキーパーはタキを驚かした。おとなしい、人形のような外観の中に情熱的な女が隠れていた。彼に気に入られるためには何でもする。男が愛人に求めるすべての性的な欲求をみたす女。

こうした二人の女性を同時にもつことは、日本人の夫にとってはこれ以上ないすばらしい取り合わせでもあった。

第6章　日が昇る国——日本へ

日本訪問の準備が進んだ。予定は六ヶ月で、その半分が船旅である。旅の荷造りと、留守中の家庭内のこまごまとした手配の間に、ウィニフレッドは日本の歴史についての本を読んだ。

これまで日英の関係は良好だったのだが、このところの極東の発展は、英国にある種の懸念を与えていた。一九三一（昭和六）年、中国政府の混乱に乗じて、大日本帝国軍は満州を占領、翌年には満州国を設立した。日本の弁明にもかかわらず、「大東亜共栄圏」の名のもとに行なわれている日本の帝国主義の野望に関しての論争が、英国では大きくなっていた。そして父のタキは、自分が極東の発展を議論するロンドンのさまざまなグループの会合で、大使館の代弁者として使われていると感じることが多くなった。

＊　＊　＊

一九三四（昭和九）年三月のまだ寒い日に、母の手編みのブルーの旅行用スーツを身にまとった二歳三ヶ月の弟と、もうすぐ五歳の私は、神戸に向かう日本郵船の客船、一万トンの「白山丸」のタラップを、父のあとに続いて上った。

船上の生活は、母の想像よりもずっと快適だった。私たちは誰も船酔いをしなかった。海が荒れているときなど、デッキを歩き夕食をするのは、女性ではただひとり、母だけということもあって、乗組員や乗客からの賞賛の言葉を、父は誇らしげに聞いていた。

私たち子供も、皆から可愛がられ、特に日本人乗組員はよく遊んでくれた。弟はとても可愛く、あちらこちらを走りまわっていた。私も退屈することなく、新しい友達と遊んで、以前より健康に見えた。乗組員からチョークをもらった私は、木製のデッキに絵を描き、それを毎朝、彼らが消してくれるので、また新たに描くことを楽しんだ。

「白山丸」の船中の豪華さは、二等でさえも感動的で、食事の質も供し方もすばらしかった。ビスケー湾の嵐の後、上陸時間はなかったものの、初めての寄港地ジブラルタル到着を皆は喜んだ。その後マルセイユ、ポンペイ見学を楽しんだ。ナポリ、ポート・サイドに寄港後、船は十六日かけてスエズ運河を通過、インド洋を進んだ。

空と海だけが続くなか、両親は読書やデッキゲームを楽しみ、夜はサロンで船のバンド演奏に合わせて、ダンスをした。この旅は彼らにとって、行かなかったハネムーンのようであり、初めて会ったころの記憶が戻ってきたようだった。共にする新しい経験がたくさんあり、話題も、楽しみなことも、

白山丸

尽きることがなかった。両親はお互いに幸せだった。

船は、コロンボに寄港。その後シンガポールに二晩停泊し、香港、そして当時最も国際都市とされていた上海に寄港した。

両親は今までで一番多くの一緒の時間を過ごしていた。お手伝いも子守もいないので、父は初めて子供たちの日常生活に心奪われて、共にゲームに興じ、夕刻には、その日の話を聞いてくれた。

だが、日本到着や江口一族と初めて会う日が近づくと、ウィニフレッドは不安になり、父のタキは、複雑な日本の行儀作法の詳細を母に教えることが多くなった。妻として求められるのは、慎み深くあることであった。

一族は彼らを迎えるために、名古屋から神戸にきて、一泊するのである。旅の最後の夜に、船上で盛大なお別れのディナーが催されたが、ウィニフレッドは来るべききびしい試練を心配して、食事がほとんど喉を通らなかった。

パスポートの写真〔左から、イアン、ウィニフレッド、エドナ（著者)〕

五月三日、船は神戸に停泊した。父のタキは、デッキを緊張してゆっくり歩いた。これが二十年以上ぶりの、初めての父との再会である。父に対して息子としての義務を怠っていることが彼にはよくわかっていた。

ウィニフレッドは船の欄干に寄りかかり、下にいる人の群れの中に見上げる顔を見た。そこには数人の知人の顔があった。ロンドンで知っている外交官や銀行員であり、優しい友人のマノ氏もいた。それから驚いたことに、下の埠頭には、マツオ・オノが船のデッキに並んでいる乗客に目を走らせていた。日本郵船が発行した広報で私たちの名前を見つけたにちがいなかった。

一族や友人が船に乗りこんできたら、両親は、母が反対側のデッキに逃れると決めていた。そ

日本へ向かう
「白山丸」の船上にて

こにいる日本人のパーサーが、抱擁もキスもない、儀式的な挨拶を彼女に説明してくれるだろう。

ウィニフレッドと子供たちは、父が一族と礼儀正しく挨拶をしている間、待機していた。それから、イアンと私が呼ばれて、父によって紹介された。それぞれの人が、私たちにお辞儀をした。

いよいよウィニフレッドの番である。母は、伏し目がちで、うつむき加減に静かに前に進み、ついに父のそばにたどり着いた。父は母を熊市の前に導いた。母は舅に、期待されていたようなお辞儀をしなかった。初めて社交界入りする女性が宮殿で紹介されるときにするように、優雅に膝を曲げてデッキで身を低くしたのだ。それは船室でこっそりと練習したものだった。

老人はかがみこみ、彼女の顔を近くでじっと見つめながら、彼女の身を起こした。それからウィニフレッドと息子に笑いかけた。明らかに皆の緊張が解け、すぐにタキを囲んで、長い留守からの帰国を喜ぶ興奮した声が沸き起こった。

マツオ・オノは一族の一団から少し離れて立ち、ウィニフレッドが気づくまで見つめていた。それから彼は深いお辞儀をし、手を上げて小さな敬礼をして笑った。次に彼女が見まわしたときには、彼は立ち去っていた。その後、彼女は二度と彼を見なかった。

私たちは神戸近くの夙川の丘にある、新しいパインクレスト・ホテルに滞在することに決まっていた。母はそこが日本式の宿、旅館であることを願ったが、トイレを含めすべてが洋式であった。一族が、私たちには和食や汲取式トイレの穴が快適でないだろうと、心配したのである。

同じホテルには、父の継兄弟の大学教授、江口アキツグ・キミコ夫妻と私と同じ年ごろで滞日中よく遊んだ娘のヨウコ、異母弟で後の高裁判事サンゴとミキコ夫妻、娘のミカコと息子のカズユキ、妹の山本ヨウコ夫妻が宿泊した。ただひとり、優れた琴奏者の妹ミキコは来られなかった。

叔父二人と家族の若い何人かは上手に英語を話したが、夫人たちや熊市は、日本語だけであった。ウィニフレッドは夫人たちと話したかったので、言葉の通じないことは苛立たしいことであった。英語を話す大学生が私たちの助けとして雇われたが、夏の暑さに弱り、たいして役に立たなかった。一方母は、慣れない蒸し暑さを私たちと乗り切ろうと、頑張っていた。

ウィニフレッドが厳格で近づき難い人だろうと想像していた舅の熊市は、威厳があり、礼儀正しい紳士だった。彼は息子と再会して、見るからに幸せそうであり、孫のイアンと一緒で、とても喜んだ。彼はイアンと遊んだり、日本語で話しかけたりして、多くの時間を過ごした。まだはっきりとしゃべったり、答えたりできなかったイアンは、英語を使いこなす前に、こうして、わずかだが日本語を学んだ。

一族の人たちは少しでも時間があると、お寺や史跡、公園などへ私たちを連れて行こうとした。しかし子供連れにとっては大変な面もあり、イアンがいたずらをするたびに、母は、よちよち歩きの幼児の監督不行き届きは自分のせいなのだと責任を感じていた。

楽しんだ場所のひとつは、奈良であった。東大寺の大仏を見学したことを、母は日記に記している。一方私は、公園で鹿に餌やりができた喜びを、今でも覚えている。

父の異母弟、サンゴは特に親切で、両親を雅楽の演奏会に連れて行ったり、能を見せてくれたりしたが、それは母には理解が難しかった。イアンと私を、動物をかたどったすべり台やブランコのある、子供向きの公園に連れて行ってもくれた。

両親は子供たちを残して、東照宮のある日光や京都へ旅したとも記している。京都では金閣寺と銀閣寺を歩き、石庭では静かに瞑想して座り、互いの親密さをふたたび意識した。その感情は、英国から離れて共に過ごすことで大きく育っていた。

渡英前に父と見た思い出のある、二筋に分かれて流れ落ちる夫婦滝、布引の滝にも出かけた。彼は滝を眺めながら、ふたりのつながりを考えた。ウィニフレッドは彼の妻であり、彼の子供たちの母であり、そしてふたりは、お互いに相手のものなのだ。

熊市はウィニフレッドを神戸の港をはるかに望むすばらしい景色を見せようと、六甲山の登山に誘った。十時に出発したが、午後五時に彼女は疲れ切ってしまい、途中で断念した。

ウィニフレッドの思い出にいちばん残っているのは、日本の家庭の様子だった。サンゴが私たち全員を、大阪の彼の家に連れて行った。そこは木造、瓦屋根の、典型的な日本家屋だった。簡素で上品で、清潔に見えた。母には初めての一族の家への訪問であり、靴を脱いで家に入るときに、街歩きの靴のまま入るヨーロッパ人を、日本の人はどう思うのかしらと考えた。

サンゴの家への訪問は短いものだったが、ウィニフレッドは一族の一員として、孝之の伯父、オオイケ家には数週間滞在することができた。彼は名古屋から数マイル離れた古知野に屋敷をかまえてい

ウィニフレッドと孝之の妹たちと（1934 年）

た。立派な門構えで、大きな池があり、松や桜が植えられた美しい庭があった。敷地内の一軒が私たちの滞在用に用意されており、洋式の籐椅子、テーブル、ナイフ、フォークが置いてあった。床の間、仏壇、庭の蹲《つくば》い、竹の籠《かご》に放たれている蛍、池に架かる橋、金魚に鯉など色々なものがあった。私は従姉妹のヨウコと遊んだ。

孝之の伯父は母の助けをさせるために手伝いを雇っており、彼女は英語を話せなかったが、ウィニフレッドはすぐに、お互いの身振りで意志を伝えあった。

家事は女性とお手伝いが行なっていた。布団敷きや、布団干し、毎日の雑巾がけ、洗濯板を使った男女で分けた衣類の洗濯などである。台所には土間があり、神棚にはご飯を供え、肉や魚、野菜によって使い分けられる包丁、漆器や磁器の食器で供される四季の食事、ご飯に味噌汁、新鮮な魚料理。母は和食の料理法を、ここで学んだ。母はお寿司が好きだった。

日本人の清潔さは、母には新発見だった。毎日の入浴、大掃除、着物の洗い張りなどである。

ウィニフレッドは、高い教育を受けた多くの女性に会ったが、従うことを強いられ制限されたその生き方に衝撃を受けた。西洋では当然とされる最小限の寛大ささえも与えない夫に、全面的に服従することを期待されていた。

男性は先にドアを通り、女性が荷物を持っていても、絶対に荷物を持とうとしない。劇場では男女別席、夫が芸者遊びに男同士で出かけても、妻は子供と一緒に家で留守番するのが普通だった。

英国での長い歳月が、タキにある点では変化を及ぼしていると気づいてはいたものの、今やウィニフレッドは、彼の行動が、日本で会ったすべての男性とまったく同じであったのだと悟った。だが、孝之は西洋的になっていて、もはや伝統的な日本のやりかたには快適さを感じなくなっていたらしい。住むために日本に帰りたいとは、彼はもう思わなかった。

村の中では、母は好奇心の的だった。農民やその家族は、それまで外人というものに会ったことがないので、家の外に出てきて、洋服を着た母を見つめ、あんぐりと口を開けていた。

だが、村の境界の彼方には暗雲がたちこめていた。日本の領土拡張の野望は、英国の新聞で批判されていた。数年の間には、血盟団事件、二・二六事件も起き、満州の関東軍を抑制する民間政府は、もはやなかった。

国際連盟を脱退した日本は、世界の孤児の道を歩み、挑戦的な無法者の如く行動しているようだった。父のタキは、個人的に小林多喜二の獄死を悲しんだ。この死は反体制派の人に対する迫害の象徴であったのだ。東京と神戸では、空襲警報演習が実施され、徐々に暗い暮らしに向かう前兆に思えた。

故国を去る前のこと、孝之は名古屋にある江口家の菩提寺に、ウィニフレッドを連れて行った。剃髪した尼が迎えてくれた。そこの墓地に、たくさんの墓石が並んでいた。孝之はアルマの遺髪をたずさえていた。名古屋の家の仏壇で、先祖の位牌と共に、アルマの名を金で彫った黒い漆塗りの位牌を見つけて、ウィニフレッドは感動した。娘は毎日、お線香とお花を供えられ、拝んでもらっているのだ。

私たちの出発に際して、一族から贈り物をされた。孝之の伯父は、出入りの呉服屋に、ウィニフレッドが着物の生地を選べるように、選び抜かれた絹の反物を持って、彼女を訪問するように頼んだ。

彼女は、淡い柔らかな灰色と藤色の「春」の図案とよばれる反物を選んだ。西洋の女性は未婚女性が着るような鮮やかな色をよく選ぶことを知っている孝之は、彼女の確かな好みをありがたく思った。

熊市も、京都の名人の人形師に、イアンと私の人形制作を注文した。この他にも、絵画、漆器、七宝焼、金銀で象眼された宝石箱、イアンと私の玩具や衣類、そして酒樽まであった。イアンの代父イシカワ・シゲオは、私たちが帰国する前に、台湾から長旅をして会いにきてくれた。彼はウィニフレッドに小箱を持ってきた。その中には金塊と指輪セットが入っていたが、それらは満州の新しい金鉱から初めて産出したものだった。

出航の日が近づくと、親戚や友人たちが神戸に集まった。母はタキの一族を、中でも義妹を特別に愛するようになり、また彼らからも慕われていた。埠頭で、女性たちはすすり泣いた。

祖父が最後の贈り物を与えてくれた。息子が二等船室で帰国したことを知った祖父は、ずっと大きな客船「靖国丸」の一等船室の旅を、私たちに手配してくれたのだ。

船がティルバリーのドックに入ると、税関の役人が荷物検査に乗りこんできた。江口一家の膨大な荷物はデッキに積み上がっていて、両親はその内容と価格を困惑した税関役人に報告できなかった。母がこれは全部、二十年ぶりに家族の元に帰った夫への贈り物だと説明したが、解決するにはすべてを日本へ送り返して、値段の評価をすることしかないようだった。

ウィニフレッドはすすり泣き、タキが上海で買ってくれた美しい絹のドレスを探し、どうかこれを手元に置くことを許してほしいと哀願した。母の涙を見て、イアンと私は泣きわめきはじめ、そこにいた皆が耐えられないようになってきた。税関長がドレスを注意深く調べて、質問した。

「このドレスに二十五シリング払えますか」

父が払えると答えると、

「よろしい。二十五シリング払いなさい！」

そしてその役人は、ウィニフレッドを見て晴れやかに笑った。

英国に帰った母は、エルジン・クレッセント街に皆で戻るのだと思っていたが、タキが、家は貸しに出していたので良い状態でなかろうと説明した。代わりに、ランシングに行った。

サセックスの隣人たちは、ケーキを焼いて帰国を喜んでくれた。イアンは船中の拘束から解放されて、監督なしに自由に庭で遊べて嬉しがった。アレキサンダー医師は私の体調の経過を喜んだ。

週末になると、いつものようにタキは電車でやってきた。そして、エルジン・クレッセントの家は借家人がひどい状態にしたままだったので、きちんとととのえるために、アグネスをふたたび雇ったとウィニフレッドに告げた。彼女は信用が置けて、こんなに信頼できる手伝いを探すのは難しいということだ。父は、ウィニフレッドに忠誠を誓うアグネスからの覚え書きを持ってきた。母はあのように幸せな幾週間を父と過ごした後で、まだ寛大な気分のままであった。アグネスを家政婦として復帰させる案を母は好まなかったが、タキと喧嘩するのも望まなかった。母は受け入れると決め、手紙の返事に、スミレ入りのボックスをアグネスに送った。このようにして、これから六年間の彼らの生活の様式がととのった。

英国を出た半年は、ウィニフレッドにたくさんの思い出を残し、省察を深めた。日本での結婚生活がどういうものかがわかり、夫に対する深い理解も生まれた。タキの一族による歓迎は、深い感動をもたらした。滞在を通して、彼女は最高にあたたかく、惜しみないもてなしを受けた。この思い出とその後の文通、そしてそれから何年も続いた贈り物は、母の人生の宝物になった。ついに自分と子供たちが受け入れられて、本当に愛すべき一族の一員なのだと母は感じることができた。

布引の瀧

夫婦滝
二筋に別れて　砕け落ちる
夫と妻が
共に見つめる

第7章　海辺の暮し

父タキは、週末にはロンドンからランシングの海の家に、欠かさずやって来た。そして、以前にましてウィニフレッドの健康状態を案じ、愛情深く接した。

ヨーロッパ大陸には、第二次世界大戦勃発の暗雲が広がりつつあった。英国へのドイツの軍事的脅威や日本の軍備増強について、タキはウィニフレッドに詳しく説明した。彼は海外通信員の仕事も引き受けていて、日本の新聞各社に記事を送信していた。それらの記事の内容についても、ウィニフレッドに語ってきかせた。

ウィニフレッドは編み物や縫物をしながら、静かに、しかし熱心に、耳を傾けていた。ウィニフレッドは、こんなひとときを楽しんでいた。こうしていると、ふたりの間の過去の傷は癒され、ふたたびお互いに良き理解者になれるように思えたからだ。

ラジオ、ニュース映画、新聞などの報道で臨戦態勢を知った子供たちも、海辺で戦争ごっこを始めた。石ころをぬれた砂と海草で包んで爆弾を作り、気がついてみたら、私と弟イアンが標的にされて

ウィニフレッド、エドナとイアン（1935年、ランシングで）

いた。ふたりはずぶぬれになって逃げまわり、波除けに隠れた。そのうちに私は爆弾作りの名手になり、猛反撃をした。

私たちの友人、バーグマン夫人の親戚がドイツから英国に逃げてきて、ナチスのユダヤ人迫害について夫人に語ったこともあった。

そのころ、日本軍の上海攻撃、ドイツ軍によるスペイン北部の町ゲルニカの空爆のニュースなどが入ってきた。そして、日本軍の南京攻撃と虐殺も、歴史から拭い去ることはできないものとなった。

こんな時勢、人びとの慰めとなったのは、ジョージ六世の戴冠式だった。日本からは秩父宮殿下と妃殿下が戴冠式に招待され、来英なさることになった。両殿下のご到着に先立ち、朝日新聞社後援の三菱重工製小型機「カミカゼ」号が、飛行時間九十四時間の新記録で飛来してきた。カミカゼ号は日本国民から英国民へ、真心のこもった平和のメッセージを運んできたのだった。

秩父宮殿下はオックスフォード大学で学ばれた経験があり、ロンドンでの旧友との再会を喜ばれた。世界でもっとも伝統あるロイヤル・ファミリーとして、戴冠式にご臨席になった。両殿下には、やがて、敬愛する英国を敵国とする悲劇が待ち受けていることになるのだが。

タキとウィニフレッドは秩父宮殿下、妃殿下歓迎の行事にたびたび参列し、当時のロンドンにおける日本人社会のリーダーとして映るタキの写真も残っている。このような行事での両殿下の控えめで魅力あふれるご様子は、人びとを魅了した。

タキの英国への献身的態度には変わりはなかったが、その英国が第一次大戦に勝利したものの、社

イアンとエドナ（1939年）

会的、経済的問題に苦しんでいる現実については悩んでいた。

　その解決の糸口として、ドイツ復活に関心を示したのは、タキひとりではなかった。日本の新聞の海外通信員として、ドイツのナチス大集会に招待される機会もあった。タキは一九三八（昭和十三）年のニュルンベルク大集会から、ヒトラーが著した『我が闘争』にサインをもらって戻ってきた。実際にタキがヒトラーに会ったかどうかはわからないが。

　そうこうするうちに、英国に深刻な貧困と失業が襲ってきた。急進派の政治指導者が出てきても不思議ではない状況だった。なかでも、ユダヤ人をスケープ・ゴートとする、オズワルド・モズリーが率いる反ユダヤ派政治グループも台頭してきた。

　タキもこのようなグループに同調し、ユダヤ人と共産主義者から英国を守ることに没頭していった。その仲間の数人がランシングに来たことがあったが、そのとき、母は私たちを外に連れ出した。

　このような政治グループに関係することは、父タキが恐ろしい領域に踏みこんだことになったのではないだろうか。後に、父に理解ある友人のひとりが、「彼は、間違いなく英国への愛を掲げるために、正しいと信じる方向へ向かおうとはした。だが、バスを乗り間違えたのだ」と言って慰めてくれたことがあった。確かにそれは正しいのだろう。

一九三九（昭和十四）年九月三日、教会の帰りに私が近所の家に行ったとき、突然に空襲警報が家々の屋根、木々を震わせた。まるで爆弾が今にも雨のように降ると思った母は、半狂乱になって私を家に連れ戻した。父は黙ってラジオに聴き入っていた。

この日以後、幸せな日曜日は消えていくことになる。

それからしばらくのあいだ、週末は、父は私と一緒にドールハウスの周囲に小さな家や店を作る遊びは止めた。その代わりに、金属製のベルトつきで、四隅を金具で留めた木製トランクを作りはじめた。銀製品や骨董品を入れて、日本へ船積みするためだった。両親は漢字でファミリー・ネームを書き、私も幼い字で書くのを手伝った。私の字が記されたものが、まだ名古屋の家には残っている。

こんな出来事のあった九月だったが、両親には他に重大な関心事があった。それは、私に正規の学校教育を受けさせるために、ワージング女子高校に受験させることだった。私は、無事合格した。私にとって、これほど興奮したことは今までになかった。

両親は、このような時節に私の生活に大きな変化を起こすのはいかなるものか、慎重に話し合った。その結果、両親は心配ではあったが、結局、私に学校へ通わせる決心をした。ウィニフレッドと私は、文房具用品や制服をそろえにワージングへ買物に行った。そのなかには空襲時のガスマスクもあった。入学準備は、ワクワクして、私には楽しかった！

ランシング駅からワージングまで、六分の汽車通学をすることになった私を、両親はとても心配した。それまでの私は、付き添いなしでは、どこへも行ったことがなかったからだ。

エレガントで、細身で、背の高い校長ミス・コンスタンス・リードは、在学中、私には怖くて少々苦手な存在だった。だが、後にはいろいろとお世話になった。

編入した最初のクラスの女生徒たちは、私の東洋的な容貌に興味を持ったが、彼女たちと同じように私がふつうに英語を話すことがわかると、彼女たちは少々がっかりした。

そこで、私はとてつもない、面白おかしい物語を思いついた。実は、私はプリンセス・チチブで、北京の淡いピンクの大理石の城に住んでいた。ところが魔法使いのおじに私の全財産を奪われて、命までねらわれ、やむを得ず、普通の女学生の姿に変身しなければならないのだ。それが今の私だと!

王族や貴族の別荘地として有名な英国南部海岸の街、ブライトンの音楽祭へ、同級生たちと汽車で出かけたときの愉快な思い出がある。アジア人らしいグループが、私の悪だくみも知らずに、私たちと同じ列車を駅で待っていた。そこで私はわざと大事件勃発とばかりに、

「助けて! ほら見て、あの人たちを。

魔法使いのおじさんが私を見つけ出して、
暗殺者を送り込んできたの!」

と叫んだ。

同級生たちは大喜びで、この茶番劇に参加して、私を人ごみに隠し、くすくすと笑いながら列車に押し込んでくれた。

でも、こんなゲームが、同級生のいじめから私を救ってくれたのかもしれない。一方、弟イアンは、学校でひどいいじめに遭っていた。

私には、容貌のほかにも、いじめられる要素はあった。入学したころは、体育授業で遅れをとり、運動場の同級生とは別に、体育館で孤独に身体機能増強運動に励んだ。結果としては、同級生に追いつくことができた。

第二次大戦勃発後、私だけではなく、すべての人の生活が大きく変わっていった。海岸もブロックが置かれ、封鎖された。この大戦は、最初はヒトラーが優勢と思われた。一九四〇（昭和十五）年六月、ついにドイツ軍はパリに進攻した。

ドイツ軍が英国南岸に進攻するのを怖れた両親は、母と私と弟の三人がペンズウィックのコッツウォールにある大伯母ジェインの家に、安全のために身を寄せることに決めた。大伯母は上流家庭の子弟の通う私立小学校の校長を引退していていた。教師としての生活の中でなにかあったのか、私にはわからないのだが、大伯母は子供好きではなかった。弟と私のような子は〝汚染遺伝子〟の子として、特に嫌った。

彼女の石造りの家は陰気で、いやな臭いがした。大伯母の肥満体からも、同じような臭いがした。疎開先として父が依頼すると、大きな家の管理が面倒になっていた大伯母は、

「ほんとは、あんたたちもいやだけれど、他人よりは少しはましだわ」

と、引き受けてくれた。

ウィニフレッドと大伯母との関係もあまりよくなく、母は彼女から話しかけられるのを嫌った。弟と私も大伯母に意地悪ないたずらをして、大伯母との人間関係は悪くなっていった。たとえば私たちは、地面に「汚ない豚」と書き、黒い鳥の羽根をそこに置いたりした。大伯母がそこを通ることを知っていたからだった。

大伯母ジェイン

このような人間関係のなかで、五月二十二日、私の十一歳のお誕生日を祝うために、父がロンドンから訪ねてきた。ダーク・ブルーの皮装丁の『チャールズ・ディケンズ全集』を持ってきた。私たち一家は、ナデシコやパセリの香がただよう近くの小川の岸辺を散歩した。たぶん、母はお誕生日のキャンドルつきケーキを作ってくれたと思うが、記憶していない。週末の数時間の父の訪問は、私にはかえって憂鬱の種にもなっていた。

ロンドンへ戻る父のことが心配でたまらなかったからだ。汽車が衝突して、炎上するのではないかと想像した。夜空のもとの大惨事を現実のことのように恐れながらベッドに入った。そして、もしかすると父には二度と会えないのではないかという胸騒ぎを覚えた。

誕生日

手を取りあった
父との最後の散歩
そして小川は流れ
やがてどこかへ消えてゆく

第8章　父の逮捕

私の悪夢は正しかった。ペンウイックの私たちのもとに一九四〇（昭和十五）年五月二十二日に訪ねてきた父。そしてロンドンに帰った彼が、七月に逮捕されたのだ。

タキがぐっすり眠っている七月十四日の早朝、警察はやってきた。沈着に、秩序正しく、近隣に迷惑をかけない時間帯が選ばれた。玄関のベルが一瞬、大きく鳴った。タキは目覚め、ぶつぶつ言いながら、ベッドから下りて、階下に下りていった。アグネスもベルを聞き、ドアを開けるところだった。

三人の大柄な警察官が玄関の前に立っていた。

シルクのガウンを引きずり、はだしでホールに立っている小柄な父の姿は、さぞ惨めに見えたことだろう。階段の電灯が白髪混じりの銀色の父の髪をとらえた。タキは、彼らがやってきたことにはさほど驚かなかった。数週間前から、親しかった反ユダヤ派政治グループ、ノルディック・リーグのメンバーたちが次から次へと姿を消していったので、もしかすると次は自分の番だと思っていた。

警察官たちは、「十二条（6c）と一九二〇年の在留外国人法（5a）により逮捕」と書かれた令状を見せた。その場での家宅捜索はされなかった。

　服装をととのえるように言われ、全員二階に上がった。アグネスはヒステリックに泣きはじめたが、誰も彼女に注意を払わなかった。タキは洋服に着替え、歯ブラシをポケットに忍ばせた。そして、車で連行されて行った。連行されるとき、タキは、ちらりとまっ暗な自宅に目を馳せた。彼は、二度とこの家を目にすることはなかった。

　そのころコッツウオールの私たち家族は、大伯母の家での居心地の悪さに、一時も早く自分たちの家や学校へ戻りたかった。そんな折に、大使館から電報が届いた。重大事態発生のため、すぐにロンドンに戻るようにという内容だった。

　ロンドンに私たちが着いて初めて、母は父が行方不明であることを知った。父に何が起こったかを、大使館も銀行も探れないでいた。そこで、英国人の妻のほうが良い方法を見つけることができるかもしれないと、彼らは思ったのだ。大使館員が、交通の便の良いオックスフォード通りのマウント・ホテルを取ってくれた。

　ウィニフレッドは、私たち子供にはほとんど何も語らなかった。私たちはもちろん、正確に事態を理解することはできなかったが、ひどく心配そうな母の様子から、子供心に怯えた。父が消えたことは手品師の仕業のように思え、ホテルのカーテンの後ろを探してみたりした。夜になっても寝つかれず、もし母がいなくなったらと、とても心配だった。

　タキを探し出すことに、最初はウィニフレッドも外交官たちとさほど変わりなかった。英国政府のどの部署も、郵送以外の質問は受け付けなかったし、その返事もこなかった。

ところが八月六日、地下鉄の中でとなりの男性が読んでいる新聞に、父の写真を見つけた。私たちはあわてて地下鉄を降り、新聞を買うと、また地下鉄に乗った。駅で買った新聞『デイリー・メイル』をウィニフレッドが拡げると、驚いたことに、タキの顔が一面に大きく載っているではないか！

記事には日本のビジネスマンが逮捕されたが、三菱商事のサトル・マキハラは釈放。三井物産のタナベ、それにミセス・ヨシイ、エグチの三人はまだ拘留中とのこと。「英国の安全保障のために……」と。なんと、スパイ容疑だったのだ。英独は戦っていたけれど、英国と日本はまだ戦争はしていない。「真珠湾攻撃」の十七ヶ月も前のことだった。

そのとき母と一緒にいた私は、まわりの乗客をそっと見まわした。その写真は私の父であり、監獄にいることがきっとわかってしまっただろうと思った。どうしよう？　学校の友達に何が起こったか、なんと説明すればよいだろう？

それからの母は死にもの狂いで、ロンドンに三箇所ある監獄へ電話をかけはじめた。ある晩遅く、ロンドン中心部のロンドン中央駅近くにある、ペントンヴィル監獄の当直の係官が親切に応対してくれて、リストでタカユキ・エグチの名前を確認してくれた。

さっそく母は、弟と私の手をにぎり、ペントンヴィル監獄へ行った。所長の部屋に案内されて、私たちが告げられたのは、母は夫に面会できないということだった。刑務所の規則で、面会は一名のみ許可される。しかも、タキの面会許可証には、「ミス・アグネス・ケーデル」と記載されているとのこと。それを知った母は、抗議しても無駄であると思い、無言で深くため息をつき、震える手で私たちの手を握りしめた。後に、この出来事に関して、あまりの怒りと屈辱のために言葉も出なかったと、母は書き記している。

数日後、母は今度は日本大使館員と一緒に、ペントンヴィルへ行った。そのときだけ、タキとの面会が許された。面会人をアグネスにした理由を彼は説明した。一つには、アグネスが何か面倒なことを引き起こすのを恐れたためであることと、もう一つはエルジン・クレッセントの家が敵性外国人の財産として没収されないためにアグネス名義にしたと、父は説明したそうである。また、逮捕理由は、六週間前に拘留されたオズワルド・モズリーや他のファシストのリーダーを支持していたためだと語った。

英国と日本とが開戦もしていないこの時期に、しかも真珠湾攻撃の十七ヶ月も前に、なぜ父が逮捕されたのか、いまだにその理由は私にはわからない。

意地の悪い子供たちは、父が「汚ないスパイ」だと私に向かって言っては喜んだ。モズリーたちと親交があったために投獄されたが、夫は、故国日本と同様に愛する英国に対して何もやましいことをしていないと、母は固く信じていた。そして、母は常に毅然とした態度をとり続けた。

突然の逮捕はタキだけではなかった。ドイツとの開戦と同時に、英国陸軍省当局はかねてからの計画通り、敵国の在留外国人を拘留した。ドイツ人とオーストリア人は敵性外国人のための地方裁判所に出頭しなければならず、査問後、三つのカテゴリーに分類された。「カテゴリーA」は、国家防衛上で脅威があり、即抑留の必要がある人たち。「カテゴリーB」は、移動には制限があるものの自由は保全される人たち。ウィニフレッドはこれに属することとなった。「カテゴリーC」は、危険性のない人たち。

一九四〇（昭和十五）年、春からのドイツ軍の急進撃とその脅威のために、英国当局は強硬策をとった。十六歳から六十歳までのドイツ人男性は抑留され、イタリアが参戦した後は、イタリア人男性も同じく抑留された。

そのころ、ウィニフレッドは経済面の心配を始めた。私たちは小さなホテルに移り、ロンドンの財産を取り戻すために、母は紛争を始めた。ところがアグネスは鍵も変えて、エルジン・クレッセントの家にはウィニフレッドを入れようとはしなかった。

ロンドンもランシングも、ドイツ軍侵攻の恐怖にさらされていた。そこで私たちは、英国南東部のサセックスにある、ホースハムという小さな町の近くのサウスウォーターの友人、ドッツィ・ロバーツの招きを受け、身を寄せることにした。私たち子どもがロバーツ家で面倒を見てもらっている間、ウィニフレッドはロンドンでの諸雑事に時間を当てることができた。ロバーツ家の庭の防空壕の中で、上空を通過するロンドン空爆のドイツ機の爆音を、私たち子どもはじっと聞いていた。

エルジン・クレッセントの家の問題を解決するために、ウィニフレッドは銀行に助けを求めた。タキは国外追放になるので、家政婦は必要なくなるから、アグネスは家を出て行くだろうと、銀行の支配人は言ってくれた。ところが、アグネスは居座ったままだった。彼女はトランプの切り札を汚れたわが手に持ち、雇い主との七年間の甘い汁だけを吸っていたのだ。

タキの逮捕の後、報復としてなのだろうか、日本で、十一人の英国人外交官とビジネスマンが逮捕された。その報復として、今度はロンドンの指導的立場の日本人が四人また逮捕され、ブリクストン監獄に収監された。

英国外務省のファイルに、この逮捕劇の背景が明らかとなる、以下のようなメモが残っている。逮捕に値するいかなる不法行為も、父は犯していなかった。しかし、このファイルを私が探し出すのは、何十年もたってからのことである。ともかく、そのファイルを引用する。

「最重要視すべきは、早急にことを運ぶことである。サー・ロバート・クレーギー駐日大使も、我々の意見に賛同されている。ただし、問題提議が一つある。サー・ロバート・クレーギーは疑わしき日本人逮捕に関して、電報（№1384）で以下のように薦められている。知的仕事に就き、簡単にスパイ活動の証拠を手に入れられ、（一部略）その逮捕が日本側に更なる英国人逮捕をさせない程度の人物。すなわちそれほど重要人物でないこと。（一部略）逮捕者リストに入れるのに最もふさわしい人物は、たとえスパイ活動がなくても、英国の日本人社会で知名度があり、重要な人物であること。ロイター通信代表のコックス氏のように、日本側と交換交渉できる人物。従って、海外メディアのエージェンシーが最もふさわしい。選別された逮捕候補者リストは別紙で提出する。

マン島の収容所

署名アシュレイ・クラーク
一九四〇年六月三十一日」

真珠湾攻撃以前の日本人として最初の逮捕者だった父は、一九四一（昭和十五）年に他の日本人が本国へ送還されるなか、マン島に拘留されているただひとりの日本人となった。これもまた、何十年後にわかった事実である。

タキの逮捕以来、一度だけは面会したものの、ウィニフレッドには、彼の所在も、生きているか否かもわからなかった。赤十字を通して手紙がたまに届くが、二十四行に制限されたもので、どこから出されたものかも不明だった。

あるとき、小包がマン島から届いた。このことは、ウィニフレッドにとって、タキがなんとか生き延びている状況を知らせるものだった。そんなことも知らぬ私たち子供は大はしゃぎ。小包そのものが、私たちとっては素晴らしいプレゼントを意味していたからだ。第二次世界大戦が始まってからは、ひとつも届かなくなったが。

しかし、小包を開けて、私たちは戸惑った。結ばれた紐がぐるぐると巻かれて入っていたからだ。私たちのために父が作ったベルトだった。初め、母は黙って握っていたが、やがて静かにそれを置いた。弟と私は、落胆を隠すことはできなかった。

監獄にて

七十五の遅速な日々
百の緩慢な日々
二千の遅速、緩慢な日々

第9章　小規模自作農

サセックスとケントでのドイツ軍と英国の小型機接近空中戦は、日増しに激化していく。ロバーツ家の庭から、弟と私はそれを眺めた。英国民へ宛てたウインストン・チャーチルの士気高揚のラジオ放送も聴いた。

九月十七日の最初のロンドン大空襲の日に、ウィニフレッドはロンドンへ行っていた。空は血の色に染まり、地獄絵を見たようだった。ロンドン市民はその後も、幾度も空襲に悩まされることになる。夫が姿を消し、ロンドンの家も失ったウィニフレッドは、精神的に衝撃を受けている私たち子供を、ひとりでなんとかしなければならなかった。姿を消した父は二度と現れないので、子供の私たちも、父が監獄にいることは知っていた。父の無罪を信じ、戦争のために、そして英国人でないためにこうなったのだと、私は考えていた。

温かく迎え入れてくれたロバーツ家ではあるが、自分の家で平常の生活を取り戻そうとウィニフレッドは決心した。私も、ワージングの学校に戻りたかった。

ロンドン大空襲のさい、奇跡的に被爆を免れたウェストミンスター大聖堂

そこで私たちは、ふたたびランシングでの生活を始めた。私は朝日のさしこむ部屋を、弟も小さな寝室を与えられ、それぞれ思うように飾りつけた。ダイニング・ルームのしっかりとしたテーブルは、爆撃の際のシェルター代わりになった。戦況を見られるように、母は壁に大きな全ヨーロッパの地図を貼った。窓ガラスには茶色の紙を十字に貼り、厚い毛布のカーテンもかけた。

ロンドン空爆のドイツ機編隊が何度も上空を通過する。テーブルの下に身を隠すことをくり返すうちに、私たちは爆音を聞いただけで、敵か味方かを聞き分けられるようになっていた。

ある日曜日、撃墜されたドイツ戦闘機のパイロットが、近くの屋根にパラシュートで降下した。近所の人たちが「殺せ！　殺せ！」と叫んだ。母は、ショックを受けていた。そして、その後死亡したパイロットの墓を訪れ、ひとりたたずみながら、「この人も誰かの息子でしょうに」と思ったと、母は後に回想している。

一九四〇（昭和十五）年の秋に入ると、ワージング高校へ通うことを母は許してくれた。鉄道の線路そのものが攻撃の標的なので、通学は危険きわまりないものだった。ドイツ軍機からの機銃掃射を受けて、通学の生徒たちも車両の床に身を伏せなければならないこともあった。小型バックの銃弾の穴を自慢げに見せびらかす友達もいた。

母は私の学校生活に関していろいろな心配を抱えていたが、あえてそんな様子も見せず、快活にふるまっていた。この心配は、翌年、日本が参戦してからは、ますます深刻になっていった。

私も、悪意に満ちた意地悪をされたことがあった。赤毛のアイルランド人の子が、私のホッケーの靴を隠したのだ。私たちはみな、マナーの良い英国の女学生なのに！

タキが収監されて、収入がなくなったウィニフレッドは、私たちを養っていかなければならなくなった。駐英の日本大使館員が、永世中立国のスイス公使館のロンドン事務所を通して日本の家族に経済的支援を申請してみるようにと、アドヴァイスしてくれた。そこで、私たちはスイス公使館に何度も足を運んだが、私たちの申請は受理されなかった。

ウィニフレッドが手に入れたお金は、親しい友人たちが寄せてくれたわずかなものだった。それも返済される基金形式のものだったので、返済不能とわかると、消滅した。高価なチョコレートを添えて、カノウ子爵は慰めの手紙をよこした。「チョコレートの代わりにお金を送っていただきたかった」と、ウィニフレッドは日記に記している。

一九三九（昭和十四）年十月の配給は、妊婦、授乳中の母親、児童を除けば、基本的にすべての人に同等に支給された。一九四〇年には、一人当たり、一週に一シリング相当の肉、四オンスのベーコン、またはハム、バター、二オンスのお茶、十二オンスの砂糖。いちばん辛いのはチーズの配給が、最初は一オンス。戦争中は四オンス以上にはならなかったこと。

一九四一年以降には、ポイント制が導入され、肉、魚、豆の缶詰と、他の食品が交換できるようになった。その後、シリアル、ドライフルーツ、ビスケット、ゼリーなどとも交換できるようになった。この制度によって、配給が平等になった。基本的な食糧配給により、貧困家庭の生活の水準をあげる結果となった。

鶏に餌をやるウィニフレッド

私たち子供を食べさせていくために、母はもっとも現実的な方法を選んだ。まず、芝生が消えるべき運命に。温室以外の土を、野菜を栽培するために掘り返し、肥料をやった。温室はグリーンハウスに変身。温室にトマトや野菜の種を蒔き、苗木になると庭に植え替えた。次に母は、石燈籠のある父の苔むした日本庭園を父愛用の大工道具で壊し、六フィートの木枠の雌鶏小屋を造った。雌鶏が届き、これで私たちは卵を食べられるようになったが、割り当ての卵はあきらめなければならなかった。

ますます母は起業能力を発揮し、次は養鶏を始めた。だが、肉屋に出荷するまでの養鶏は手がかかり、しかも臭いもすさまじかった。そのために養鶏は二度としなかった。

庭を掘り返し、芝生を野菜畑に変えたのは母だけではなく、隣近所も同じだった。食糧省も「勝利のために庭を耕す」ことを推奨し、州当局も家禽、ウサギ、豚のブリーダーになることを奨励した。

私たちの地区の監督官は仕立てのよい乗馬用上着とジョパーズ（乗馬用のズボン）を着た、てきぱきとした小柄なイヴという女性だった。彼女の指導で母はウサギのブリーダーになることを学び、そのおかげで他の食糧と交換できるようになった。バランスのとれた食事をとることができ、台所は常に肉や野菜のにおいが漂っていた。

次にイヴは、いろいろなウサギの種類のそれぞれの特色を教えてくれた。ウィニフレッドのウサギに関する本当の目的は、食用ではなく、チンチラやアンゴラのような美しいウサギの毛皮だった。

しばらくすると、ウィニフレッドはウサギ小屋を取り寄せ、庭にすえつけた。母は自分で五、六〇羽が入る小部屋をその中に作った。学校から戻ると、私は布のバッグを持って、ウサギの好きそうなクローバーや柔らかな草を集めに、自転車で遠くまで出かけた。イヴから乗馬用のジョパーズをもらってからは、この仕事も面白くなった。行きは黒い髪をたなびかせながら猛スピードで自転車を馳せる私も、帰りには重い布袋のために必死で自転車を押して戻ってきた。

五〇のウサギの檻の掃除や、おが屑を新しくする毎日の仕事は重労働だったが、ふり返ってみると、この仕事は嫌いではなかった。宿題もかなりあったが、すべきことはその日のうちにすませたかった

アヒルを抱くイアン、ウサギを抱くエドナ（著者）とウィニフレッド

から、夢中で仕事を終えた。

　ウサギの毛の状態がいい時期になると、肉屋がやってきて、ウサギを肉と皮に捌いた。肉は肉屋に売り、皮は毛を下にして伸ばされ、日に干され、半ダースごとに、母はロンドンに送った。やがて、高級なレザーとシルクのような毛に生まれ変わって戻ってくる。母はそれを手袋や帽子へと変身させた。

　フランス風の手袋を英国に紹介したエドワーズ夫人がホーヴのデパートで開いている教室に、ウィニフレッドはわざわざ出かけて行った。手袋一対が高価な洋服のクーポン二枚と交換できたので、教室は大盛況だった。

　その教室でウィニフレッドは、型紙の取り方や縫い方を習った。子供のころから、祖母ルイーザの下で縫い物をしていた母は、たった二回のレッスンで技術を習得した。作品を夫人に見せたら、夫人は「もう、何も教えることはない」と言ってくれた。

そればかりではなく、「皮と毛皮の荷が届いたら、あなたは最初に好きなものを選んでもよい」という葉書を、夫人は母に送ってきた。

手袋は、近所の人やその友達、そして戦前タキが働いていた銀行の同僚たちが買ってくれた。一対に三ポンドが確実に支払われた。当時としてはかなりな額だった。母は毛皮の帽子も作った。空襲にそなえ、寒い夜の屋根の見張り当番に、毛皮の帽子は人気があった。注文に応じるために、母は早朝から深夜まで働きつづけた。

布地も配給のため、使いふるした布のいい部分だけを再利用し、いろいろな小物も、母は作っていた。それを知ったエドワーズ夫人があちこちに紹介してくれた。そのおかげで、婦人服を流行の洋服にリフォームできる縫い手としても、ウィニフレッドは知られるようになった。

一方、イヴのような監督官の努力で、その地区の家禽、ウサギのブリーダーの水準はあがった。私たちの地区の畜産ショウに、わが家のウサギや雌鶏も出品したが、その品質はいつも高く評価された。イヴはこんなショウに、私にオーヴァーオールを着せて、「スチュワード」というバッジをつけてくれた。このように大人と一緒に働くことを、私はとても誇らしく思った。

イヴは徐々に母に対して特殊な愛を示すようになってきた。彼女からは確かに多くのアドヴァイスと励ましを受けたが、イヴの愛に対しては、母は報いようとはしなかった。失望したイヴはそれ以後、私たちの前から姿を消した。

思い起こすと、母は常に終ることのない仕事に追われていた。縫い物をしていないときは、庭仕事や動物たちの世話に明け暮れた。もっとも大変なのは、所帯の切り盛りと、どうやって子供たちを養い、幸せにするかということだった。

一九四一（昭和十六）年十二月八日、第二次世界大戦に日本が参戦すると、日本大使館は英国を離れるように、ウィニフレッドに通告してきた。最期の日本行きの船の出航まで、十二時間の猶予しかない通告であった。それまでに荷造りもしなければならなかった。参戦前の十月半ばにも、自転車に乗った少年が、ウィニフレッドに電報を手渡しにきたことがあった。内容は、一週間以内にアイルランドのゴールウエイから出航する日本籍の船に乗船するようにというもの。

タキとの結婚によってウィニフレッドは二重国籍を持ち、戦争が始まると敵性外国人に組み入れられてしまっていた。英国で自分たちに何が起きるかわからない不安はあったが、ウィニフレッドは出国を拒否した。私たち三人が日本語を話せないことと、対戦国に住んでも、将来幸せにはならないと思ったからだ。親切なアレクサンダー医師が日本大使館に「エグチ夫人は旅をする健康状態ではない」と通告してくれた。船は、私たちを英国に残したまま出航した。

ウィニフレッドには、他にも戦わなければならないさまざまな問題があった。四十歳までの女性は軍事労働のために登録義務の通達があった。十四歳以下の子供がいる女性は免除されるはずなのだが、ウィニフレッドはミッドランドの軍需工場へ行くように命じられた。

その賃金では生活できない。父親がいない子供たちから母親を引き離すことに怒りを覚え、しかし半分あきらめつつ、ウィニフレッドは内務省に事情説明の直訴の手紙を送った。「エグチ夫人には自身の自立と子供の養育を継続してはならない理由は、なんら認められない」と、アンソニー・イーデン内務大臣から返事がきた。この手紙のおかげで、ウィニフレッドは、軍事労働に関しては勇敢に対処することができ、その後、なんのお沙汰もなかった。

しかし、ウィニフレッドにはその他にも多くの心配ごとがあった。国外追放されるかもしれないという恐怖におののき、敵性外国人の財産として、ランシングの家が没収されるかもしれないという危機にもさらされていた。この没収を避けるために、愚かにもタキは、クレッセントの家をアグネスに譲ってしまったのだった。

また、台湾銀行の金庫室から、タキの日本の書画骨董類のすべてのケースが、敵国財産管理部署に没収されたことを、ウィニフレッドは知った。一家のこの財産はオークションにかけられ、その一部を大英博物館が入手したことを、ウィニフレッドは後になって知らされた。

敵性外国人として、事実上の自宅拘禁を受けていたウィニフレッドは、自宅から三マイルを越えて移動する場合は、管轄の警察に外出許可を申請しなければならなかった。母が私の学校へ行くにも、私たちを歯医者に連れて行くにも許可を得なければならなかった。ただ、このことはそんなにわずらわしくはなかった。私たちがランシングに移り住んでから、ものめずらしさも手伝って、親切にしてくれていた警察官サージェント・ウイリアムズは、外出許可をすぐに出してくれていた。

ただし、サージェント・ウイリアムズが非番のときはむずかしかった。そんなときにウィニフレッドがふたりの若い警察官に外出許可を申請すると、彼らは処理ができず、上司の手があくまで外で待つようにと命じた。長いこと待たされて、やっと赤ら顔の上司がヴェストとズボン姿で現れ、不快きわまりない形相で、ウィニフレッドを恫喝した。

「俺の前から消え去れ、さもないとベルトで鞭打つぞ！」と怒鳴った。ベルトをはずしながら、自分が母や私たち日本のガキたちをどうしたいかを、わめき散らした。その男は、私たち一家を飢え死にさせたかったのだ！ それまで母が泣いたことを見たことがなかったが、私は母の涙をそのとき初めて見た。

英国と日本との開戦後は、移動制限もわずらわしかったが、それ以上に心配なことが、ウィニフレッドにはあった。弟と私が学校の同級生からどのように扱われるかということだ。

幸いに、私の学校のほぼ全員の女生徒たちは私を受け入れてくれたが、ランシングの地元の子供たちが、「日本人とのあいの子！」とか、「汚ない制服！」と言っては私をからかった。彼らは下層階級で、英語を正確に話せないから遊んではいけないと、父が以前から言っていた子供たちだった。汚ないののしりの言葉を見さかいなく投げかけられて、私は戸惑った。でも、「棒や石には骨は折られてしまうかもしれないが、言葉では体は傷つかない」と自分を奮いたたせようとした。

ところが、彼らは私に暴力をふるった。あるとき壁に頭を押さえつけられて、気絶しそうになった。それを見ていた弟が、「姉さんをいじめるな！」と大声をあげながら、全身を投げ出して、叩いたり、蹴ったり、おびえながらも勇敢に彼らと闘った。彼はそうしなければいられなかったのだ。というのは、弟自身も、学校でひどいいじめを受けていたからだ。

弟はやがてワージング男子高校へは通わなくなった。自分が日本人との混血であることがどういう意味を持つかを思い知ったからだ。いじめっ子の生徒たちは弟を待ち伏せしては、テロをしかけてきた。殴られるのはいいほうで、ごみの大バケツに投げこまれ、足で踏みつけられた。そのために、今でも背中の傷の痛みに弟は苦しんでいる。自分ひとりで苦しみ、弟はその苦痛を決して口には出さなかった。しかし、打撲のあとと引き裂かれた衣服で、すぐにそれはわかった。その姿は、友人もなく孤独で、辛い学校生活を送っていることを物語っていた。

イアン

そんなころ、汽車で出会った長身の東洋系の風貌の男性が、家まで私についてきた。玄関で彼は、自分がパブリック・スクールの教師であり、私がアングロ・ジャパニーズとわかったので、興味がありついてきたのだと言った。彼の父親はかつて日本で宣教師をして、母親が日本人であると語った。ウィニフレッドが弟の直面している問題を語ると、その男性はたいへん同情し、もしウィニフレッドがパブリック・スクールの学費を支払うことができるのなら、自分が保証人になって、弟の世話をすると申し出てくれた。

これは幸運な誘いであり、これで弟のいじめは排除され、その男性の庇護のもとでやっと教育を受けさせることができるとウィニフレッドは信じた。弟の悲劇に終止符を打つ決心をしたウィニフレッドは、大きく息をついて、「学費を払う手立てを考えねば」とつぶやいた。

ウィニフレッドの超人的な努力で工面した学費だったが、悲しいことに徒労に終った。というのは、新しい学校で弟が一学期を終えようとしたころ、例の教師が解任され、日本へ帰ってしまったのだ。ワージングの男子高校より、寄宿生としての弟の日々の生活のほうがひどいものとなった。弟への虐待は次から次へと工夫され新しく考案され、時間をかけたものになり、終ることなく続いた。日曜礼拝用の最上の制服を着ていた弟は、水たまりで腕立て伏せをさせられて、ついに疲れ果て顔を伏せてしまった。彼の制服は泥まみれになった。

寄宿舎で虐待に遭ったのは弟だけではなかった。小柄なユダヤ人少年が、自室の手洗いで首をつって自殺した。弟にも同じような恐れがあると思ったウィニフレッドは、学校から彼を連れ戻した。校長は前払いの学費を払い戻すことを拒否した。

誠実な隣人たちや取引のある店の人たちは、私たち家族にいつものように親切だった。日本参戦後、ウィニフレッドは商店主たちにとって、お得意ではなくなっていた。それでも、八百屋はいろいろとウィニフレッドの面倒を見てくれ、時には家畜用のキャベツの葉、ジャガイモなどを持ってきてくれた。ウィニフレッドが雑貨商に縫い物を届けると、病弱な奥さんがわざわざ起きてきて、ドアから顔を出して、お茶やビスケットを、何も言わずにそっとウィニフレッドに渡してくれることもあった。

毎年ランシングに避暑にくる、私たちの大好きなジャック・ロビンソンがこの弟の惨状を知り、解決策を持ってやってきてくれた。グニス少佐が経営する軍人子弟のためのロンドンの学校へ弟を転校させるというものだった。少佐は弟に理解を示し、弟をスペイン系の編入生、イアン・トンプソンとして紹介した。しばらくは弟は「にっくき日本人」と呼ばれなくなった。父タキと同じく、水泳で勇名をはせた。

「にっくき日本人」としては、もうひとりの犠牲者がいた。トウィー家の長男で遊び友達だったピーターだ。ロンドンからウェールズの学校に戦火を避けて転校していたが、暴力的迫害と胸の疾患に耐え切れなくなり、彼はローラースケートでロンドンの母のもとへ戻ってきた。家に着くと同時に倒れこみ、病院へ運ばれたが、死亡した。

弟がお世話になったグニス少佐のように、私にも、たいへんお世話になった先生がいる。ランシングの小学校の教師マーガレット・ドーソン先生だ。自転車で走りまわる私を知っていたドーソン先生が、もし高校が許可してくれるならば、自分が演出するメンデルスゾーンの「真夏の夜の夢」の黒髪の妖精のダンスの踊り子として私を借りたいと母に申し出てきた。校長がこの尋常でない申し出を快諾してくれ、私もリハーサルに参加することになった。疾走しなければならない妖精のダンスで、怪我までしたが、その本番では生徒たちを魅了することができ、私には生涯忘れることのできない思い出となった。

このマーガレット・ドーソン先生には数年後、またたいへんお世話になることになる。最初のパブリック試験を受けるとき、家での勉強は私にはむずかしいことがわかった。母は決して私に、試験勉強を止めさせようとはしなかった。だが、母自身が本を読む時間がないのに、私が本を手にじっと座っていることに、うしろめたさを覚えたからだ。そんな折に、マーガレット先生が助け舟を出してくれた。今の家での勉強以外に、受験のためには補習が必要かもしれないと、私たちが傷つかないように気をつかいながら、申し出てくださった。母もこの親切な申し出を受け入れた。

実際に先生がしてくださったのは、彼女のコッテージの鍵を貸してくださることだった。そうすれば、先生の不在のときでも自由にコッテージに入って、誰にも邪魔されずに本を読むことができた。農夫の作業用の二部屋しかないコッテージだが、静かな平和なひと時であり、本に囲まれて、思う存分本を読むことができた。そのコッテージにいられるのが、私にとっては最高に幸せなひと時だった。

弟の学校をロンドンで見つけてくれたジャック・ロビンソンは、私たち姉弟の父親のような役割を担ってくれていた。私たちの進級に興味を持ち、成績表にも目を通してくれた。私がホッケーに情熱を新たに注げば、それを励ましてくれた。

身体機能増強の孤独な運動を免除されると、ホッケー・チームの重要なメンバーになるために、私はピッチに立って、つむじ風のようなショットの練習をした。タックルしてきた相手を出し抜いたときは、父タキが柔術で対戦相手を打ち負かしたときの思いと同じだったろう。私はフィールドで常に一番小兵で、快速で、獰猛であった。センター・ハーフ・バックとしてプレイし、その結果、サザ

負け知らずのホッケーチーム

ン・リーグの負け知らずのチャンピオンとなり、サセックスの試合の選抜選手に選ばれた。これは私の人生で一番の快挙だった。他の選手たちより遅れて始めたのだから。

私たちがこのような生活を送っている一方で、タキとウィニフレッドの手紙のやり取りはむづかしかった。父の手紙は行数制限があり、母の手紙は検閲を受け、届くのに数週間もかかった。父がどのような生活を監獄で送っていたかは、私たちにはまったくわからなかった。それがわかるのは、すでに述べたように、この時から何十年もの後のことだった。

父の手紙が届くと、弟イアンは部屋から出て行ってしまうのだった。私は礼儀正しく母の読む手紙に耳を傾けてはいた。だが、私たちにこの困窮をもたらした父を、私は責めた。そして、私たち家族になんら関心を持たないばかりでなく、「家族に一銭も残さない父親はあなただけだ」と、私は手紙を書いた。他の子供たちのように、普通の英国の「父さん」でいてほしいと、どんなにか望んだことか！　そうだったら、弟はあんなに虐待されずにすみ、母もこんなに働かずにすんだのに！

私は父をひどく憎んだ。父のために、私たちの生活は惨めに変わり果てた。私たちがしてきたような生き方を、他に誰がしただろう。すべて、父の責任だ。万が一、父が戻ってきたら、私たちが味わった苦痛をすべて罰としてやらせようと思った。父への罰は、グラスを爪切りでカットさせたり、父を這いまわらせることだった。そんなことを想像するだけで、子供だった私は満足した。

母

母の手は絶え間なく働く
鍬、金槌、針、糸で
土、木、毛皮、絹を
私たち子供を餓えさせないために

第10章　敗　戦

一九四三（昭和十八）年、父は唯一の日本人捕虜であったマン島を去り、船に乗せられた。彼はどこに向かっているのか正確に知ることはむづかしかったと手紙に記しただけで、この航海について何も報告を残していない。だがずっと後になって、赤十字を通して組織された十二人の囚人との交換要員であったと、ウィニフレッドに書いている。彼女の話によれば、船はインド洋を進み、英国人捕虜は全員無事に帰国したのだが、タキは本国送還のための日本政府代表者に引き渡されることなく、代わりに英領インドに送られたことがわかった。

彼はラジャスタン州にある〝砂漠の監獄〟として知られている場所に送られた。コルカタ（カルカッタ）と同緯度のボパランドの東百キロに位置し、半乾燥性砂漠気候の場所であった。デオリ収容所は国際赤十字の役人が毎年視察しており、彼らのレポートから、次に述べることの多くを私は見つけたのだ。しかし、これも何十年もたってからの話である。

収容所には三千名の収容者がいた。ほとんどは日本国籍で、八百名の漁民も含まれていた。台湾人三五〇人と、朝鮮人と中国人数名、そしてロシア人女性ひとりも収容されていた。三棟のバラックがあって、独身男性用が一棟、既婚者用が二棟あった。収容者の中には、七十名の女性と、二百名の赤ん坊から十代までの子供が含まれていた。バラックのそれぞれにはヴェランダがまわりにあり、灼熱の太陽光線を避ける日陰を作っていた。

大人たちにはベッドが割り当てられていたが、十二歳以下の子供たちは共有しなければならなかった。共同寝室には、壁にかかった個人の持ち物を収納する棚以外に家具はなかった。バラックのほかに、独立した事務所、台所、倉庫、簡易食堂、娯楽室があった。

囚人の多くは、庭で働くことをみずから申し出た。初めにロックガーデンに当てられた区域は、すぐに野菜畑になっていった。収容者たちは自分の収穫物を共同の台所に売り、それによって幾ばくかの小遣い銭を稼いだ。近くの湖での魚釣りと水浴も許可されていて、家族はそこでピクニックができた。

収容所にあった書籍の冊数は、赤十字の報告書の目録に記載されていた。ウイング一にあった図書館には、二五〇冊の日本語の本と（そのうち五十冊は学校教科書）、五十二冊の英語の本があり、ウイング二には三一八冊の日本語の本があった。そのうちの三十冊はアジメールからの巡回図書館のもので、二十八冊は収容所に寄贈されたものであった。

だが、多くの捕虜は字が読めなかったので、十二名の収容者が教師として教えることを申し出た。父はそのひとりであった。

父は大人たちに、英語、簿記、経済理論を教えた。赤十字の役人が収容所を視察したおりには、彼が教えたり、励ました人びとの何人かが、ボンベイにある英国商業会計協会の通信教育課程を学ぶにあたっての支援を求めたりもした。教えることは自然に思えてきた。一緒に生活したなかで臆病な若いウィニフレッドに教えることでどんなに助けたか、そして日本の自分の家族を訪問したときに、彼女をどんなに誇りに思ったかなどを、タキはよく思い出した。

だが教えることが、彼の時間のすべてを満たしたわけではない。目の前にいる多くの囚人同様に、むなしい日々の退屈をまぎらわすために、想像上の遊びを創作していた。心の中で、慣れ親しんだロンドンの道をたどって散歩をしたり、自分の事務所や大好きなクラブやレストランに出かけたりした。ときにはこの外出にタクシーを使い、かつては良く知っていた店や建物の過ぎ行く景観を思い浮かべたりしたものだ。また他の路線を示したり、代わりの道を計画したりして、心に描く地図を学びながら、バスや地下鉄を使って、この楽しみを多様化したりした。

土曜日だったら、ヴィクトリア駅からブライトン駅への電車に乗り、最終目的地へ向かうために、ブライトンでボグナー・リージス海岸線に乗り換えて、ふたたび旅に出たものだ。彼は空想のなかで、通り過ぎる駅名を列挙した。ホーブ、フィシャーズゲイト、ハルト、ポーツレード、サウスウィック、ショアハム、ランシングと。

ランシングを思うと、妻と子供たちのこと、そして共に過ごした幸せなときの思い出がよみがえる。太陽はキラキラ光る海にいつまでも輝いているようで、カモメは鳴きながら波頭に急降下し、潮風はやさしく、そして戦争の黒雲はまだ地平線の彼方に隠れていた日々を。

何週間かが何ヶ月になり、何ヶ月が何年になっていったとき、彼が最後に見たピン・ミルの水辺で遊んでいた子供たちがどんなに成長しただろうと、思い描こうとしたものだ。収容所で子供たちを見ていると、イアンによく似た小さな少年や、アルマや私を思い出させる痩せた黒髪の少女など、ちらりと見たあの子やこの子が、一瞬にして彼の心をとらえた。

両親はお互いに手紙を書きつづけていたにもかかわらず、父から母宛の手紙は、この時期からずっと届かなくなった。私は日本人囚人からの郵便物に関する赤十字の協定を見たことがある。赤十字は囚人たちの食料などを監視するだけでなく、手紙の検閲もしていた。

だがこれから三十年後に、私は日本を訪ねることになる。そして、父の要望にこたえて母が送ったにちがいない私たちの写真を、父の机の中に見つけることになるのだ。その写真の中の私はおちつかない風情で、貧弱な胸を隠しているジャンパーの上にお下げ髪がやっとかかっていた。顔は笑わず、家事と家事の間の予期せぬ邪魔者に、時間がないという風であった。イアンもまた、気がすすまない逃げ腰の様子だった。誰のために写真を撮られているかを知っていたなら、さもありなんであった。

デオリ収容所で父の身におこったことは、一九四八（昭和二十三）年に箱根の湯本温泉で健康の回復期にあった父が書き、六十年代初めに私に送ってくれた手紙から明らかになったのだ。このことに関しては、後にもう一度くわしく書くことにする。

父の学歴や優れた英語力は、囚人仲間から父をのけ者にした。そして収容所司令官の陸軍中佐クラスターが、興味深い会話の相手として父を遇したことは考えられるのである。父は彼から収容者への指示の伝達係にも使われ、このような役割は父を嫌われ者にしたのだろう。行事のときも、父は独身男性としてではなくて、家族持ちと一緒の住まいを与えられた。

一九四五（昭和二十）年七月、ポツダム会談後に、日本の降服文書が鈴木貫太郎首相に提示された。彼の反応は緊迫したものではなかったが、八月六日の広島への、九日の長崎への原子爆弾投下は、八月十四日、日本に無条件降服の決定をもたらした。父はこの知らせに、さぞやぞっとしただろうと思われたが、じつは驚かなかった。父はこの戦争に日本は負けると、ずっと思っていたそうだ。

だが、彼の収容所仲間にとっては、敗戦という考えは受け入れがたいことだった。司令官の発表があるということや、外部から収容所に聞こえてくる音楽や花火や祝典の音を、日本の勝利の証だと解釈していた。

いまや敵意は止み、規則はゆるみ、周囲のどの村にも入らないという条件付きで、捕虜たちは一週間に一度、収容所から出かけることが許可された。これもまた、日本勝利の証と解釈された。英国人は懐柔的なやり方で行動しなければならなかった。しかしながら、何人かの捕虜が村に出かけ、酔っぱらって収容所に帰ってくるということでこの規則を愚弄したとき、この特権は取り上げられた。

十二月の初め、陸軍中佐クラスターは、二名の日本人高官、磯辺陸軍中将と沢田廉三がこの収容所を訪問すると発表した。

定められた日に、三ヶ所の捕虜収容所の全員は日本人訪問者の視察を受け、女学生が収容所の庭で摘んで作った花束を渡した。それからバラックの代表者三名が、訪問者との面会に司令官室に招かれた。インタビューが終了したとき、父は個人的に会見をするために、ひとり中に入っていった。父がロンドンで、その両者を知っていたことが判明したのである。旧友は暖かく彼を迎え入れた。彼らは握手をして、長期にわたった収容所生活の後でも、彼が元気そうだと喜んだ。だが収容所の捕虜たちの方が、日本にいる人びとよりもずっとましだったと彼らが言うと、父は驚いた。多くの日本人が餓死していたのだ。

司令官は孝之を訪問者とともに参謀の車に押しこんで、捕虜全員が演説を聞こうと集合している場所に向かった。多くの人が、日本勝利の知らせを期待していた。だが代わりに、東京、横浜を含むほぼすべての主要都市のアメリカ空軍による破壊と、原子爆弾による恐ろしい壊滅状態についての説明を彼らは聞いたのだ。

日本軍の武装解除と同時に、戦争初期に占領した東南アジアと同様に、以前は大日本帝国の一部であった中国北東部、朝鮮、台湾がどのように放棄されたかを聞かされた。南サハリンはロシアによって奪還された。最悪なのは、日本国内では、いまやすべての政府部門が機能せず、充分な食料がなく、何百万人もの人びとが家を失い、飢えた人びとが多数いることである。

彼らは捕虜たちに、勇気を持つように、絶望しないようにと訴えた。だが、聴衆はショックをうけ疑念で目を丸くしており、女性のほとんどはすすり泣きだした。彼らは、どのような反応をしたらよいのかわからなかった。呆然として、疑わしそうに苦い思いで足を引きずって歩き、口を開かずに途方に暮れていた。

翌朝、タキは数名の日本人仲間から質問された。あの日本人訪問者たちは、本当にそれに値する人たちなのか、そして彼がロンドンで知っていた人たちと同じ人物なのかと聞かれたのだ。父は「まさしくその通りだ」と答えた。質問者たちは異議をとなえ、「日本の敗戦の知らせをもたらそうと企んでいる英国人の手先でペテン師だ」と言い張った。質問者たちは、敗戦などあり得ないと信じ切っていた。日本は戦争に勝ったのだ！

その日から、強硬路線の狂信者たちは、日本の敗戦を受け入れた人びとを脅迫しはじめた。一九四六（昭和二十一）年一月末までに、父のクラスの出席者は数人の台湾人だけになっていた。彼らは父が売国奴とみなされて、非常に危険な状態であると警告した。子供の学校で教えていたタキの友人は、同じような脅しに苦しんでいた。二人とも注意深く仕事に出かけ、誰もがさし迫って感じている騒ぎに用心を怠らなかった。数回にわたり司令官は、身の安全のために収容所の病院にタキを送りこもうと提案した。だが父は、攻撃されやすい立場にいるのは自分だけではないと言って、これを断った。

二月二十五日の朝、ひとりの台湾人がタキの味方となり、フェンス近くに隠しておいた厚い板を使って、有刺鉄線からの逃亡の手助けを申し出た。父は収容所の便所に隠れて台湾人の到着を待った。翌朝、彼が待っていると、手作りのナイフで武装した三人の暴徒が、便所に入ってきた。彼らにつかまえられる前に、父は正確無比なパンチとキックで彼らを床に倒して、驚かせた。父は運動場を横切ってなんとか逃亡。だがそこにはインド人の歩哨が任務についていた。彼らは父を追いかけたが、尿入のバケツを父の上に倒しただけであった。しかしもっと悪い事が迫っていた。

父は恐ろしい襲撃と負傷者の叫び声を聞きながら、血を流して呻いている教師のそばの地面に横たわった。狂信者たちは、二・二六の青年将校による虐殺の記念日を選んでいた。一九三六(昭和十一)年の日本で、反逆者と見られていた主要な人に対しての蜂起が行なわれた日である。三棟のバラック全部で、いっせいに暴動が勃発したのだ。

インド人の歩哨は司令官に暴動の発生を知らせ、負傷者を病院に搬送するためにストレッチャーを運んだ。陸軍中佐クラスターが孝之に、身の安全のために今こそ病院に移るようにと強く言った。病院で父は四十名の重傷者を見つけ、自分だけが負傷していないことに気がついた。彼はすぐに理由がわかった。日本の勝利にあえて疑いを持つ人たちに何が起るかという見せしめのために、翌朝、収容所関係者全員の前で彼の首を切ることを、襲撃者たちは計画していたのだ。

負傷者は救助されたが、収容所はまだ混乱していた。八十名ほどの狂信者の一団はバラックの一棟に退却して、ドアや家具を壊し、バリケードを築いてその中にたてこもった。手作りのナイフや槍やこん棒で武装して、「最高の愛国者」と書かれた白い鉢巻きをしていた。司令官は援軍を送るようにと軍隊を呼び、暴徒の建物はすぐさま装甲車と機関銃を持った兵士たちに包囲された。おとなしく出てくるようにとの司令官の呼びかけは無視され、クラスターが兵士に建物の占有に戻るようにと命令すると、彼らは激しく攻撃をしかけてきた。兵士たちは、火を放つようにと命ぜられた。二名の無実の女性が即座に殺され、もう二名が重傷を負い、後に病院で亡くなった。

最終的に秩序は回復し、暴徒は逮捕されて他の収容所に送られた。十七名が死亡した。翌日、彼らの棺は外に並び、火葬のために収容所の外に運び出されるときに、皆が列になって付き従った。

父は、何十年か後に私との文通が始まってから、この暴動の写実的な報告を私に書き送って、事件を恥ずべきこととして描写していた。日本政府は損害すべてに賠償金を払わなくてはならなかったが、父の言うように払うことはできなかった。

このときから、父と、日本の敗北を受け入れた三百名ほどは、病院近くの小さな収容所に入れられて、他の捕虜と隔離された。父は収容所のリーダーに選出された。彼は子供たちに初等英語を教えはじめたが、数週間後に病気になり辞職した。彼は原因を言わなかったが、暴動とそれによる出来事、捕虜たちの死と、同僚や友人たちが負った負傷は、彼に深く影響を与えたに違いない。「自分のバランスを取り戻す」ことはできなかったと、彼自身書いている。

一九四六（昭和二十一）年五月、収容所からの千五百名の兵士とともに、タキは日本行きの英国定期船に乗せられた。彼は自分だけが一等船室の客であることに驚いた。おそらく陸軍中佐クラスターの、六年にわたる拘留がやっと終わる父に対しての同情のたまものだったのだろう。

タキは戦争犯罪人ではなく、英国での生活を選び、そこで妻と子を持った一般市民であった。父は実際よりも重い罪を課せられたとクラスターは思ったのであろう。そして、ラジャスタンの過酷な砂漠に三年近く一緒に投げこまれた二人に友情が芽生えたことはありうることである。理由はどうあれ、彼は父ができるかぎり心地よく、安全であることを請け合ったのだ。父は、これからどうなるのかわからなかった。だが船の個室の豪華さと、乾いた灼熱の空気の後の新鮮な海風は、彼を元気づけるものだったに違いない――悪夢のような戦争は終わり、ついに日本への帰途にあるのだ。

ひげを剃ろうと、彼は鏡の中の自分を見た。彼は五十歳になっていたが、年よりずっと老けて見えた。六年前には、外見は悪くない男で、水泳やゴルフのために体型もしまっていた。だが今では、シワが刻まれた皮膚は茶色く日焼けし、髪は完全に白くなり、多くの歯を失った口元はシワがよって奇妙な形になっている。家族がまだ元気でいるとしても、彼をわかってくれるだろうか？　神戸で感動的な別れをしてから、すでに十二年がたっていた。

船は燃料補給のためにシンガポールに寄港し、ジュロン基地で待機中に、デオリで父を襲った人たちに出会った。彼らは最終的に日本敗戦の事実を受け入れることを強制され、孝之にしたことを卑屈に詫び、船旅の最終旅程で、改心しようと努めていた。

六月二八日、船は本州南部の港に停泊し、人びとは収容所に連れて行かれた。孝之は七月一日に釈放され、約五百キロ先の旅の終りに向けて、名古屋行きの特別列車に乗せられると告げられた。

七月一日、特別に徴発された列車は、満員の元捕虜たちを乗せて、本州南部の港を出発した。線路沿いの停車場に、みすぼらしい女性が近寄ってきて、復員を祝って彼らにお茶をさし出した。みな空腹であったが、駅には買う食物はなかった。名古屋への道中、列車は広島、神戸、大阪の被災地を通り過ぎた。

広島を通ったときに、見わたす限りに広がる恐ろしい破壊を目にして、誰もが恐怖に静まりかえり、ただじっと見つめるだけだった。破壊されこなごなになった建造物、ねじ曲がった鉄骨、裂けた木々、崩壊した橋、そして燃え尽きた石の瓦礫の山の風景だけがあった。たった一発の原子爆弾の結果である。彼らに見えなかったものは、爆弾の放射線が引き起こす恐ろしい後遺症であった。それはこれから何年にもわたり、病や奇形、苦難や死を引き起こすのである。

最終的に彼らが名古屋駅の廃墟に到着したのは、夜の十一時近くであった。タキは拘留生活の最後の歳月をともに過ごした友人たちに感傷的な別れを告げて、壊れたプラットホームに降り立った。すぐにふたりの大学生が、到着する復員兵を助ける奉仕活動をしていると言って、彼に駆けよって荷物を持ち上げてくれた。孝之が「自宅や家族が生き残っているかわからない」と言うと、学生たちは、一晩を過ごすように、小さなホテルに彼を連れて行ってくれた。

彼らについて行きながら、突然父は、行きたいところに歩いて行くのを止める監視人も、有刺鉄線もここにはないことに気がついた。この青年たちがいなければ、ひざまずいて感謝の祈りを捧げただろう。涙が頬を伝わった。青年たちは、言葉にならない同情をもって彼を見つめた。それは彼らにとっては、なにも新しい事ではなかった。同じように反応する他の人たちを見てきたのだ。

翌朝、孝之は妹ヨウコがまだ生きているか確かめに行こうと決めた。彼女は知多半島の河和に住んでいる。そこは爆撃を逃れそうな小さな海辺なので、彼女は名古屋の両親に何がおこったかを知っているかもしれない。だが心の中では、ふたりとも死んだに違いないと感じていた。駅に戻り、長いこと待った後、がたがたの列車に乗り込んだ。

列車が海辺の駅に入ると、孝之には妹の大きな家が、海を見下ろす断崖にまだ立っているのが見えた。ヨウコの夫も大金持ちの地主で、広大な農場や森林を所有していた。家に向かって、ゆっくりと長い石の坂道を登っていくと、婦人がひとり、彼に向かって歩いてきた。ヨウコだった！　驚いて立ち止まり、彼女が近づいてくるのを見つめていた。彼女は彼の前で立ち止まり、両手を大きく上げ、目を丸くして、ただ彼を見つめていた。

「僕がわかるか？　孝之だよ」

彼女の口が大きく開き、目には突然、涙が溢れた。彼の手をつかみ、彼を引きずるようにして家のドアに向かって走り、彼女は叫んだ。

「兄さんがここにいる！　私の兄さんが！　入って、入って！」

そして、ただただ叫び続けた。

「孝之！　兄さん、ああ、孝之兄さん……ああ孝之兄さん！」

入り口に到着する前に、義弟、甥と姪、この家の使用人たちが集まった。みな彼は死んだものと思っていたので、無事の帰還を知って、喜びの涙を流した。それから、妹が父の死を静かに彼に伝えた。心臓発作による、わずか三ヶ月前の三月二十四日の死であった。インドでの拘留中、最終的に日本に返ることができたら、父の老年の世話ができると考えることで、タキはつらさに耐えられたのである。今、父は亡くなり、彼はすべてを奪われたと感じた。妻や子供たちとの長い別れに苦しみ、惨めな環境の中では、ウィニフレッドと子供たちとの再会は想像することもむずかしいとわかっていた。それだけに、この最後の喪失は堪え難いことであった。

だが熊市の家は、本当に爆撃の中を生き抜いていた。彼の家は、ほんのわずかに残っている家のひとつだったのだ。彼の父は、この家とわずかな遺産を彼に遺した。興奮し喜ぶ家族といっしょに座り、囚人食を食べさせられていた長い間に食べたいと思い続けていた、妹の料理した新鮮な魚を食べながら、彼は言葉にならない感謝の念に満たされた。

タキは妹の助言を求め、日本の生活に適応する間、名古屋の本家に行き、そこで彼自身の家庭を作ることを強く勧められた。だが、まずしなければならないことがあるとタキは感じた。愛と、深い喪失感を表わすために、父と話すことが必要であり、それにふさわしい場所は、祖先や両親が埋葬されている菩提寺であった。

タキは家族の名が刻まれた墓石の前に立ち、ケンジントンにある墓地を考えた。彼が買い求め、いつの日かアルマの隣りに彼とウィニフレッドが埋葬されると思っていた墓地である。そんなことはもうおこらないだろう。彼はここで死に、彼の名は父の名に追加されるのだろう。頭を上げて立ち去ろうとしたとき、自分の住処となる家屋の銅板の屋根に光るきらきらした輝きが、ふたたび彼の目をとらえた。

やっと本家に到着した。継弟のアキツグと妻のキミコは彼の突然の出現にたいへん驚き、両手を前にさし出して彼にさわった。まるで彼が幽霊で、急に消えてしまうのではないかと恐れたようであった。僧侶が熊市の法事を執りおこなったところだと語り、彼を黒い漆塗りの仏壇の前に連れていった。仏像の前には、熊市や彼のふたりの妻、亡くなった先祖の名を金で記した位牌があり、アルマの名のものもあった。彼らはしばらく彼がひとりで思いを馳せ、祈るようにと、そこを去って行った。

本家は、モダンな二十世紀様式の三階建てに十八の部屋がある、堅固なコンクリートの建造物だった。戦前、名古屋中心部の伝統的な古い木造住宅が並ぶ道路で、この家は有名なランドマークになっていた。その道路に並んでいた一七〇軒の家が、瓦礫に成り果てたときに、両隣の小さな家とともにこの家が残ったのは、奇跡ではない。地震や火事に耐えられる建物という熊市の関心事に負うところが大きかったのだ。だが、美しかった庭はアキツグによって、さつまいもが植えられていた。タキはほこりだらけの家に靴のまま入り、自分の住む所として二階の二部屋を使おうと決めた。その夜、タキは自由になった身を我が家に横たえて、ぐっすりと眠った。

翌日から、タキは家の残りの部分の探索を始めた。

三階の灰と瓦礫の山の下から、一家の富を築いた多くの仕事に関する父、熊市の書類や記録を発見した。名古屋の建物の多くを彼は建てたが、残っているのは、この家と何軒かの田舎の家のみであった。大量の書類のなかでいちばん心を打たれたのは、タキがロンドンで学生のときに父に送った手紙や葉書だった。それを見ると、思い出が溢れ出た。

母屋の隣りに、しっかりと門と鍵のかかった、三階建ての昔ながらの石造りの蔵が建っていた。嬉しいことに、誰も中に入るためにを鍵をこわそうとはしていなかった。タキは古地図、古銭、陶器、古本、古書、そして多量の高価な掛け軸などのすばらしい熊市の収集品を発見した。それぞれの品を注意深く目録に記し、ふたたび包装するとき、彼は静かにお辞儀をして、この収集品を家宝として守り、一品たりとも売却することなく、完全に持ち続けると誓った。

住む家のない多くの人びとがいるのに、大邸宅をひとり占めするのは、タキにとって居心地の良いものではなかったが、借家人をおいたら二度と所有権を取り戻すことは不可能になるだろうと警告された。

配給不足は食料品だけではなかった。まだ商売をしているデパートは、売る商品がなくて売り場の三分の二以上を閉じていた。布地、ベッド用品、台所道具、陶器、グラス類などは見つけることも困難だった。バケツのような簡単な品も消えてしまい、人びとは容器が見つかるようにと、ガラクタの山のゴミあさりを強いられた。衣類は手に入ったとしても、貧相な作りであった。古いドレスから作り直したズボンをはく女性もおり、多くの人は靴を買えずに、昔ながらの木の下駄をはいていた。

爆撃は市の水道設備を破壊し、溢れ出た水はあちらこちらで止められていた。自宅で風呂に入れないので、家がない隣人や一時的な宿泊施設にいる人のように、孝之は銭湯に行った。ある夕方、公共の湯舟ごしに名を呼ばれ、驚いた。嬉しいことに、一九一四（大正三）年以来会っていない、学校友達のアキラが気づいてくれたのだ。興奮して挨拶し、大声で笑い、手をふった。

アキラは孝之が無事帰還してとても嬉しいと言った。熊市は数ヶ月前に孝之の帰還を知っていたとも話してくれた。インドにいた孝之から手紙を受け取っていたのだ。その手紙は、一九四〇（昭和十五）年以来、熊市に届いた二通目の手紙であった。一通目は一九四一（昭和十六）年に届いた。六年以上にわたって、父宛に書いたすべての手紙の中で、二通しか届かなかったことがわかって、タキはがっかりし、狼狽した。が、熊市が二通目の手紙を受け取ってとても喜んだとアキラから告げられて、少しほっとした。老人は友人や隣人を訪ねては、息子が生きていて、すぐに家に帰ってくると話していたのだった。

父は孝之にわずかな遺産を遺していたが、さし迫って必要なのは、生活費を稼ぐことであった。いくつかの部門でアメリカ人たちと働かなくてはならなくなった人たちに、しばらく英語を教えたが、報酬は生活していくには足りなかった。そこで織物会社を経営している友人が、会社の生産高の促進と外国での新しい市場開拓の仕事を彼に提供した。これは孝之に、仕事の意義と給料をもたらした。

孝之、1947 年

ロンドンの高級衣料店でかつて作らせたスーツには似ても似つかぬ質とはいえ、やっと彼は、数着の新しい衣服を買うことができた。かつては彼は、やわらかな黒いフェルト製の中折れ帽もかぶっていたが、今の彼は黒いベレー帽で満足しなければならなかった。だが、新しい暖かな冬のコートをうまく見つけることができたし、とうとう一九四〇（昭和十五）年以来できなかった、歯医者に行くこともできたのである。

仕事がら旅に出たり、東京の事務所を訪ねたりと、彼は家を留守にすることが多かった。タクシーや人力車は消えてしまい、列車はなかなか来ず、汚なかった。そしてしばしば窓から乗り降りするほど混んでいた。切符を手にいれるには、何時間も列に並ばなくてはならず、列車に乗れば席を見つけるのは不可能だった。東京までの旅は、一九三四（昭和九）年には五時間だったが、今は各駅停車なので十一時間かかった。何年にもわたる拘禁生活で健康を害した者にとって、このような旅は本当に疲れるものであった。

働いているので、彼のために料理を作り、留守の間に家の面倒を見る家政婦が必要だった。熊市の使っていたお手伝いのひとりが生活に困り、仕事がないかと彼に会いにきたことがあった。今なら、彼女に家政婦の仕事を与えることができた。彼女は七十歳を過ぎていたが、掃除、洗濯がうまく、食料を調達する闇市での交渉の名人でもあった。しかし、初めて孝之のために作った料理はひどいものだった。すぐに孝之は、ヨーロッパ式の料理を彼女に教えた。

仕事のなかには、ヨーロッパで開かれる貿易博覧会への出席もあったので、家族との連絡を復活できるのではないかと思えてきた。父は英国にいる子供たちに会いたいと、理由を述べて英国ビザを申請したことがあった。だが、その申請は、理由も与えられずに却下された。彼の逮捕歴のためだったのだろう。このことにより、昔の生活を取り戻せるかもしれないという希望は打ち砕かれた。

ウィニフレッドは、日本で彼といっしょに生活するのを喜ぶだろうか？　彼自身は、多くの日本の生活様式に、もはやくつろぎを感じなかった。しゃがんだり、畳に座ったり、床に敷いた布団で眠ったりは、もう当たり前とは思えず、居心地が悪かった。イアンと私はもうすぐ成人になり、やがて家を離れるだろう。父と同様に、ウィニフレッドもひとりになるのだ。ふたりは残りの人生を、日本でともに暮らせるだろうか？　彼女がくるなら、英国式の家を欲しがるにちがいない。

この時期、孝之は自身の捕虜生活に関して、最後の供述を記している。身におこった辛い事は何も述べずに、収容所の住人から受けたたくさんの親切を記録した。自分の待遇を、日本人が彼らの捕虜に行なったそれと比較してもいる。

「なんという違いだろう、間違いなく彼らは殴られた」

「私にとって何年にもわたる捕虜生活の経験は、あらゆる難問を容易に、明るく耐えることができるようにした。新しい人生は、新たに日本でのやりなおしだ。毎日の業績が、将来の基礎となることを信じて、全力を尽くしてきた。それにもかかわらず、私の中にある寂しさを認めなくてはならない。思い出は、ときとして悪夢になった。日が暮れた後、よく懐かしい英国の歌を口笛で吹きながら、私は深い物思いに沈んだ。歌は英国にいる愛する者たちを、そして彼らとともに過ごした人生の幸せな出来事を生き生きとよみがえらせる。涙が浮かんでくるのだ。人生の過ぎ去った幸せな思い出は、死ぬまで私の中で生きつづけるだろう。『一度離ればなれになったなら、兄弟さえ他人になる』という諺があり、それこそが私にぴったりである。英国での三十年の生活のあと、私は誰にとっても異邦人なのである。」

敗戦

家を失った人びとは詰めこむ
灰塵の中で
一枚のコート、一個の卵、一匹の魚を
生き延びるために

第11章　海辺の女主人

ヨーロッパに平和が戻ると、海岸から五マイル以内の訪問者禁止令が解かれた。六年近くのつらい戦争が終わり、休暇を待ち望んでいたロンドンからの友人たちが、私たちのところに滞在できるようになり、ホテルに滞在するように、滞在費を支払うと主張した。ウィニフレッドはすぐに、ここに今までとは違う収入源があると悟った。それは毎日の外掃除、ウサギの餌やり、時間給の革や毛皮の縫製よりもずっと快適なものだった。ウサギが全部肉屋に送られて、ウサギの檻がブリーダークラブのメンバーに売られたのは、ずいぶん前であった。私はウサギの住処であった木造の小屋を引き継ぎ、内も外も洗浄し、掃除をしてペンキを塗り、私の物にした。これによって私の寝室を客に解放し、私は庭で寝て幸せだった。

海岸から地雷や有刺鉄線も、徐々に取り除かれた。八月の初め、私たちの偉大なる友、ジャックとキティ・ロビンソンが二人の小さな娘を連れて滞在した。最高の喜びに満ちた再会であり、海岸から沖に向かって泳いでいると、まるで昔に戻ったようだった。そして六日、昼食に戻ると、ウィニフレッドが悲しそうにすすり泣いていた。台所にあるラジオから、広島に原子爆弾が落とされた発表を聞いたばかりだったのだ。彼女は原子爆弾がどういうものか知らなかったが、たった一発で町全体を破壊できること、そして人類が計画した最も恐ろしい兵器であることは明らかだった。彼女は日本にいる愛する人すべてが死んだと心配して、取り乱した。

母は以前に一度だけ、今と同じように取り乱したことがある。地元の店に行き、カウンターの上に本間陸軍中将の写真が一面に載った夕刊を見たときである。フィリピンにおける最高司令官として行なった「バターン死の行軍」の責任を問われて、彼の戦争犯罪に対する死刑執行がなされたとの記事を読んで、彼女は石のようになって立ちすくんだ。

彼が英国滞在中に、本間家と江口家は親しかった。アルマの死後も、ウィニフレッドをひとりにさせないために、幕僚の車を毎日さし向けて、自分の家に連れて行ってくれた優しい友人だったのだ。母は彼の穏やかな妻と子供たちを思い出し、彼らのために泣いた。

タキからの手紙が時々届いたが、私たちが父の運命について興味のないことを知っていたので、二人の交流については何も言わなかった。

特に長崎（皮肉なことに大勢のクリスチャンのいる町）に対する二回目の原子爆弾投下は、これが戦争を終わらせる最上の方法だということにほとんどの人が賛成したとはいえ、多くの人を不快にさせた。連合軍が日本本土に上陸していたら、全国民が死に向かって戦ったであろうから、敵味方両方の人命損失はおそろしい数になっていただろう。女性にさえ、兵器として使用するように、先の尖った棒が支給されていたのだから。

一ヶ月後に学校に戻ると、歴史の教師が私に、爆撃について本当に気の毒に思うと言った。時がたつにつれて、しだいに戦争の余韻は消えていった。わが家は、学校でできた友人たちを引き寄せる磁石になっていった。ウィニフレッドはすべての保護者の中で間違いなくいちばん貧乏だったが、あたたかく人を受け入れ、気前がよかった。

その年に私たちに会いにきた訪問者のひとりは、ウィニフレッドの叔父のヴィクターであった。妻と別れて少し寂しい彼は、姪とその子供たちに本物の関心を持ちはじめ、もっと前に必要だった家族支援と忠告をした。母に休暇ビジネスを大きくするために小さなゲストハウスを買うべきだと勧めた。彼女が成功して、増加するローンと二人の成長する子供に必要なお金を稼げることを請け合った。

一九四七（昭和二十二）年の冬に、母はランシングの家を二千ポンドで売り、ワージングのクレッセント・ロードにあるリントトン・ゲストハウスを千八百ポンド値引かせてローンを組み、四千五百ポンドで買った。リントンは海岸道路のすぐうしろに建つ、寝室七部屋と地下室のある、ヴィクトリア様式の大きな三階建ての家だった。

その冬は大雪が降り、ホッケーはできず、氷点下の気温が六週間つづいた。家の中の水道は前の持ち主が止めていなかったので、水道管が凍結して破裂し、広範囲に被害を引きおこした。一部屋は私たちが移ってくる前に、完全に壁を塗りなおさなくてはならなかったが、私の友人が大勢助けにきてくれて、イースターまでに客を受け入れる準備がととのった。

リントン・ゲストハウス

ゲストハウスの経営はすることが山のようにあり、仕事時間を指示する予定表があった。掃除、ベッドメイキング、洗濯、食卓の準備、モーニング・ティー、朝食と昼食、夕食の用意と調理、食卓の片づけ、食器洗いである。イアンと私はそれぞれに雑用があり、イアンはジャガイモの皮むきの仕事に、うまい場所を考えだした。庭がなくて、裏に小さなコンクリートの中庭だけがあったので、彼は低い窓の前に、厚い板を置いた。この上にボウルを持って足を両側にたらしながら皮むきをして、気持ちよく座っていたものだ。

陸軍中佐ガンニスが来て、イアンの幸せな日々は突然終わった。彼の学校は、軍歴において父の跡を継ぎたいとする軍将校の子息のための学校であった。イアンはそのような抱負を抱いていなかったので、普通高校の修業証明をもらうために、ワージングの男子高校に戻らなければならなかった。昔のいじめっ子が彼を待ちかまえていて、毎日の侮辱といじめがふたたびはじまった。学校での彼は、圧倒的ないじめっ子を相手に、自分の戦いをした。家では、惨めな様子で扱いにくかった。

彼はすべてに反抗して、日英の混血児としての出生をひどく嫌い、母がブライトンのコンサートに連れていくまでは、嬉しいことは何もなかった。だが、初めて「ルスランとリュドミラ」の序曲を聴いたときから、彼は突然に変わった。彼は音楽に対する生涯にわたる情熱を見出したのだ。音楽は彼自身の生活を一変させ、多くの人たちの生活をも豊かにすることになる。

兵役での長い不在から夫が帰還して、再会を祝おうとゲストハウスに滞在する家族もいた。父の顔を忘れた子供たちのなかには、知らない男性に母が示す愛情を不快に思う者もよくいた。その結果、子供たちはひどいふるまいをした。特に食事時に食べるのを嫌がり、料理を投げ散らかした。ウィニフレッドは子供たちを台所に連れていき、そこで食事をさせたものだ。

彼女は、子供たちの感じる不幸せの裏にあるものがわかったが、父親に対しても気の毒に思った。彼らは戦争に勝利したのだ。そして今度は、子供たちの愛情をかち取らなくてはならないのだから。

ゲストハウスの仕事は季節的なものだったので、冬になると、リントンは自分たちだけのものになった。イアンは土曜の夕方になると、大きな食堂に〝グラム・セッション〟を友人たちと立ち上げた。自分自身のアンプとスピーカーも設置し、曲目も注意深く選んだ。掃除をしたり、真鍮製品や銀器を磨いたり椅子を並べたりして、部屋も几帳面に準備したものだった。いろいろな年代の友人を含む聴衆は注意深く静かに音楽を聴き、お茶や母の手作りのアーモンドバターが飾られたアップルタルトが出される休憩時間にだけ話をした。

コンサートが終わると、彼は疲れ切って、お休みを言い、部屋に引きあげるのだった。彼は七十八回転のレコードをひんぱんに取り替えたり、私たちにはほとんど理解できなかった本物にとても似ていた装置をうまく使って、このような夕べの集いをたいへん巧みに切りまわした。これは内気な十五歳の少年としては、すばらしい仕事だった。他の人たちは座りつづけて、持ち込みのレコードをかけたり、それについてや、政治、共に語りたいと思ったことをおしゃべりした。

男子高校六年生の何人かが討論クラブをはじめた。私たちはそこで、お互いの機知、知力、政治的討論を研ぎすましました。戦後の世界の（少なくともワージングの）権利を目的に、若い市民の会議も創設した。私は結局その議長になり、ウェストミンスターで行なわれた国際会議に出席して、そこで当時の政府の大臣を取り囲んだ。

このころ、女校長が私を校長室に呼んだ。彼女は私の活動を表にまとめあげていた。私は多くのクラブに参加していた――ホッケー、学校の聖歌隊、ガールスカウトの団員、討論クラブ、そして若い市民の会議である。私が母のゲストハウスの経営を助けているのも知っていた。おそらく私の活動が多過ぎるのを心配したのだろう。近づく試験のことを考えると、このリストの中の何かをやめるべきではないのか、と校長はすすめた。私は同意して、ガールスカウトをやめた。

この時代は、私が芸術と政治を懸命に学ぶ歳月であり、時期であった。すべては友情のおかげであり、それは母の家のいつでも開いているドアと、新しい客が増えても対応できた、伸縮する魔法のような食卓があって、はじめて可能であった。

母は音楽の夕べでも、ピクニックでも、サイクリングでも、そしてブライトンの王立劇場への遠出でも、参加者のひとりのように受け入れられていて、多くの私の友人の知恵の源になっていった。特に、金物屋にみじめな条件で雇われていたゲリイ・フィッチと、銀行で働くのを嫌がっていたジョン・ベイツの二人を、ウィニフレッドはドラマの教師のように、勇気づけたり、訓練したりした。ゲリイは後にコーンウォールのカントリードラマ劇団の顧問になり、ジョンは幸せなことにノリッジの劇場の俳優兼支配人になった。

タキがランシングで作った木箱にしまった、家に伝わる財産を探しに、母はロンドンに行ったこともあった。そのときいっしょに行ったのは、義務兵役中の英国空軍の制服を身にまとったジョン・ベイツであった。主に名のある芸術家による書と絵の掛け軸の最も価値ある品々は、敵国財産管理人によって父の銀行の貸金庫から没収され、そのうちの何品かはオークションにかけられて、大英博物館に買い上げられた。しかし父は、それより価値が低い銀製品や七宝を、保管のために友人に渡していた。その人は当時、ポートランド・スクエアにある日本海軍付属の事務所に管理人として働いていた。その建物と収容物には二十四時間、監視人がついていたが、友人はその箱を自分の持ち物のようにして、自宅のフラットに置いていた。ある日、彼は母がフラットに飛びこんで、彼女の所有物を持ち去るように計画した。ジョン・ベイツはこの件の目的は知らなかったので、タクシーで急いで去るときに、免職されるか、軍法会議にかけられるか、撃たれるかと思っただけであった。

きびしい暑さつづきだった翌年の夏のシーズンが終わり、ふたりとも疲れはてたので、母が私たちは休暇を取らなくてはならないと決心した。母は女校長に、私が学期初めを休む許可をもらわなくてはならなかった。ミス・リードはこれを許しただけでなく。ストラットフォード・アポン・エイヴォンにあるロイヤル・シェイクスピア劇団に行って、シェイクスピアの作品を見るのは私の勉強にとても役立つだろうと言った。そしてこの忘れ難い週のために、母にお金を与えさえした。私たちはミス・リードのこうした親切と支えに深く感謝した。彼女は戦時中はずっと、母に小さな縫い物の仕事を与えることで、私たちを助けてくれたのだ。

イアンからの電報が届いて、新しい出来事ははじまった。シェイクスピアに興味がなかった彼は、新しい学年がはじまるので、家に残されていた。彼は学校をやめて、ブライトンとランシングの中間にある小さな港ショーラムにある機械会社で年季奉公をはじめたと母に知らせてきた。この知らせは衝撃的だったが、ウィニフレッドは、この仕事は同じ会社で働くランシングの良き隣人、ジョージ・ヘイトが手配してくれたと、すぐにわかった。学校に行かなくてすむというイアンの喜びは、新しい人生がはじまるという興奮と相まっていた。人生の新しい出発にあたり、そして選挙人名簿に登録するにあたり、彼は名前も、偏見の眼で見られる〝エグチ〟から、トンプソンに変更した。

ゲストハウスの経営は絶え間のない重労働で、結局ウィニフレッドに犠牲を強いた。彼女は翌夏までに疲れはててしまった。昼食後に横にならなければならず、朝の起床にはたいへんな努力が必要だった。医者は、彼女は衰弱していると言って、薬をくれたが、効き目はなかったようだ。ともかく夏の予約を無理してこなしたが、最後の宿泊客が帰ったときに、ふたたび医者にかかった。今回はもっとひどくなっていた。衰弱して、倒れる寸前だったのだ。

医者は、精神病の専門病院、グレイリングウエル病院のカウンセラーに会うようにと告げた。母は精神病院に入院する事におびえて家に帰り、自分の健康にさわったと思える出来事の簡単な報告書を書いた。病院で、自身と主治医の両方の手紙を受付けの看護婦に提出した。長時間待った後、三人の医者に会った。彼らは、タキについて尋ね、戦時中どのようにして生活してきたかを知りたがった。話し終わったとき、医者たちは、彼女は精神異常にはならないが、体はまるで十年間正しい手入れを行なわずに休まず動きつづけた機械のようだと告げた。彼女に必要なのは、ふさわしい休暇だったのである。

家に帰ると、荷物をつめて、あまり遠くない療養院のザ・エイカーにタクシーで向かった。その療養院は最高級ホテルのようで、そこでの滞在の終わりには、ウィニフレッドは強さを取り戻し、体重も増え、ここ何年間ではじめて、必要だった休息を味わった。

高等学校修業証書をもらって、私は学校を卒業し、ワージング美術学校の奨学金を得た。まだ家で生活していたが、つづく三年間は自分の生活をだんだんとすすめる準備期間だった。デザイン学の国家卒業証書のための勉強、オーベロン劇団のためのセットと衣装の支度、国体のホッケー試合、そして美術学生協会で必要とされる人となっていった。最終試験の後、ふたつの職が提示された。ひとつは、『サンデイ・オブザーバー』新聞の編集長アリソン・セトルからのもので、女校長は私がその仕事を受けるようにと熱心だった。だが私は、ウエスト・サセックスの美術部門の青少年職員助手として就職した。二十二歳にして家を離れ、ペトワースのレコンフィールド不動産の世話で、狩猟家の未亡人の小作人用貸家の部屋に引っ越した。

しかし、ひとり暮らしになったウィニフレッドにとって、生活は寂しさを増していき、子供たちの助けなしでは暮らしはむずかしくなっていった。一九五二（昭和二十七）年、ウィニフレッドはゲストハウスを売ろうと決心して、買い替える小さな家を探す間、私の大家ランナウエイ夫人が持っている空き部屋に住もうとやってきた。

私たち二人とも、やがてサセックスを去ることになるのだった。

母

彼女はわれわれと青春を分かちあった
勇気に満ちた新しき世界
ウォーキング
おしゃべり
そして音楽

音楽を……

第12章　新しい始まり

その後私も社会人となり、弟イアンもブライトン大学の工学部を好成績で終了し、今ではエジプトで義務兵役に就いていた。彼はまた、ランシングの小学校のときに初めて出会ったマリー・サーヴィスとの結婚を幸せそうに計画していた。私たちはその嬉しい知らせを聞いて、とても幸せだった。彼女は愛すべき女性であり、美しいダンサーで、良き友達でもあったからだ。

私は、上役との問題で、ウエスト・サセックスの若者達との大好きな仕事を辞め、仲間から去るという悲しい決定をせざるをえなかった。彼は母親の死後、悲しい思いでいる十七歳の自分の息子に、「ミス・エグチを警戒するように」との指示を与えてから、私が教えているドラマコースに送り込んだのだ。

新しい仕事はロンドンの貧しい地域トッテナムの美術の若手公務員で、私はアールズミード・ロードに小さな家具付きのフラットを見つけた。子供たちがふたりとも出て行ったので、母はミセス・ランナウェイのもとを去り、私のところに移ってきたが、ロンドンが嫌いだった。まだ爆撃を受けた穴があちらこちらに残る町は、みすぼらしく、汚なく、元気がなく、彼女は海辺の空気を、そしてサセックスの丘陵地帯を恋しがった。夜の外出や、ナイフを持った反抗的な少年グループと仕事をする私を心配した。

「心配しないで、マミー。彼らはナイフを鉛筆削りに使うだけなのよ」

と私は言った。

資産の目減りを防ごうと、母はシティの服飾店イェーガーで働きだした。彼女は今まで女性を雇ったことのない、小さな輸出部門で働いた。直属の上司は親切だったが、男性の同僚たちにとっては、彼女を受け入れるのには時間がかかった。だが彼女は仕事を楽しみ、一週間に六ポンドの給料をもらった。もっとも、彼女は混んだ地下鉄での帰宅を嫌がり、それを避けるための残業を交渉した。

ウィニフレッドは二年近くイェーガーで働いたが、適当な家がないかと、毎週『ウェスト・サセックス・ガゼット』紙で熱心に探していた。ロンドンに住むこと、洋服業界で働くということは、たいへん評判の高い会社の事務所ではあっても、少女時代に両親のためにミシンであくせくと働いた歳月を、辛く思い出させるものであった。

家を見つけるのは簡単ではなかった。戦争が終わって以来、サセックスは高級な場所になっていた。物価は上がり、市場に出まわる物は、先を争って飛ぶようになくなった。ロンドンのスモッグの中での通勤地獄で、彼女は自分の将来を心配しはじめた。齢《よわい》五十歳になり、ワージングで経営していたリントン・ゲストハウスのローンを払ってしまうと、手元にはたった六百ポンドしか残らなかったのだ。

一方、名古屋では、孝之が庭にベランダのある木造平屋の建物を完成していた。ウィニフレッド同様に、自分のこれからについて気になることがたくさんあった。「日本にきて一緒に暮らさないか」という手紙を送ってあったが、ウィニフレッドはなんの返事もよこさなかった。だが孝之には、ふたりが再会して話し合いさえしたら、彼女を説得できるだろうという確信があった。彼女の義務感の強さをわかっていたし、自分が受けた苦しみを理解して、自然に夫の世話を望み、彼が名古屋で築いた新しい生活を共にしてくれるだろうと、希望を抱いていた。

離れ離れに、ふたりはそれぞれの寂しい老年に向き合っていたのだ。

一九五三（昭和二十八）年、彼はふたたび彼女に手紙を書き、会社の代表団と一緒にパリに出張すると告げた。そこで会ってはくれまいか？

ウィニフレッドの日記には、決断の背景にある思いについての記述はなにもないのだが、彼女は再会に同意した。

このような再会で双方が期待したものを想像することは、たしかに難しい。別れてからすでに十三年が過ぎ、この間のふたりの連絡は折々の手紙に限られていて、それぞれが苦難と喪失に耐えていたのだ。彼らはもはや、かつてのふたりではなかった。それぞれが、内面も外面も変化していた。おそらくふたりは、昔お互いに感じていた愛情と理解を見いだせるかもしれないと希望し、再会することによってのみ、それができるだろうと思っていたのだろう。

ウィニフレッドはその計画を私に語り、私は、英国に家がない母は日本行きを説得させられるかもしれないと心配した。私が憎んでいる国で、私が忌み嫌う父と暮らして、彼女が幸せになれるとはどうしても考えられなかった。

ウィニフレッドが後に日記に記しているのだが、再会はシャンゼリゼを見下ろすホテル・ナポレオンで、四月に行なわれた。ウィニフレッドは約束の時間ぴったりに到着した。孝之はばつの悪そうな、困惑した様子で現れた。彼の両頰はくぼみ、色黒の顔には、以前はなかった深いシワが刻まれていた。彼は疲れているようにみえた。

日本の会社の代表団の仲間に彼女を紹介してから、彼女をエレベーターに案内し、自分の部屋へ上がった。やっとふたりだけになったのだが、孝之は彼女にキスをしようとも、抱きしめようともしなかった。

彼女が彼に対して何らかの動きをしたかどうかは、日記には書かれていない。孝之は何を言うべきか迷っているようだった。それから彼は、椅子に身を投げ出すと、両手で顔を覆い、静かにすすり泣きをはじめた。ウィニフレッドは彼を慰めるような動きはなにもせずに、反対側に座り、子供たちや友人たちの話をして、彼の惨めな境遇を理解しようと努力した。彼女は泣く人というものには、ほとんど我慢できなかったし、自分自身の感情を鉄の意志でコントロールする訓練をいつもしてきていたのだ。

ようやく孝之は自分を取り戻し、翌日スピーチをしなければならず、その内容が気になっていた

（右）パリを訪れたウィニフレッド
（1953 年）

（下）ホテル・ナポレオン

ので、緊張が高まっていたのだと釈明した。ふたりは腰かけて、午後の残りを語り合って過ごしたが、その会話はどこか勿体ぶったものだった。孝之は神経質になり、心ここにあらずの様子であった。

彼らは日本大使館での晩餐の招待を受けていた。その夕べが終わるまでに、ウィニフレッドは、初めて会った大使夫妻といる方が、夫といるよりもずっとくつろげると悟った。彼らをホテル・ナポレオンまで送り届けるように、外交官公用車が差し向けられた。

孝之はもちろんウィニフレッドが彼の部屋に泊まるだろうと思ったが、彼女は、セーヌ左岸にあるおちついたホテルに自分の部屋を予約してあると告げた。彼はウィニフレッドに、翌朝必ずくる約束をさせた。だが、翌朝は彼がスピーチを書きなおす間、一緒に我慢しなくてはならないと言った。

翌朝、彼は机に向かって仕事をし、電話はひっきりなしにかかってきた。一方彼女は、窓の外を眺めながら、静かに座っていた。おちつかない素振りで座りながら、注文したシャンパンを飲みつつ、時おり彼は頭を上げて、彼女を見つめた。

「過ぎ去った昔のままに」――ふたりのグラスを合わせながら、彼は言った。

だが、もはやそのようでないことも、またそうなるはずもないことも、彼にはわかっていた。彼女はまだ昔と同じように美しい姿をしていたが、彼がかつて知っていた従順な女性ではもはやなかった。自分自身と子供たちを支えつづけた十三年間は、彼女に非常な強さをもたらしたのだ。

冷静な外観の下で、ウィニフレッドは複雑な感情と戦っていた。女手ひとつで、お金もなく、ふたりの子供を育て上げるのがどんなに大変だったか、孝之はわかっているのだろうか？　捕虜ではあったが、彼は次の食事をどこから手に入れようか、ローンをどうやって支払おうかと心悩ます必要はなかったのだ。じゃがいもの収穫が終わった後、畑に何か食べられる物が残っていないかと、黄昏時に外に出ることもなかったのだ。ただ自分自身のことをするだけだったのだ。

しかも、彼を見つめたとき、そこに彼女は、ほとんど知らない男性を見たような気がした。あまりに早く年を取り、昔の自信を失った、思い出の人物の哀れな名残りを見た。今は非難をするときではない。彼は彼女以上に時代の犠牲者なのだからと、彼に哀れみさえ覚えた。

孝之はウィニフレッドに、ふたりがふたたび一緒に日本で暮らせると思うか訊ねた。彼が建てた洋式の住居について述べ、家族は奇跡的にあの戦争を生き抜き、彼女を喜んで迎え入れるだろうと告げた。彼はこの申し出をよく考えてくれるように頼んだが、ウィニフレッドの心はすでに決まっていた。私たちはまだ若く、ウィニフレッドは、子供たちだけを残していくような無責任なことはしたくなかったし、できなかったのだ。ふたりが夫婦として持っていたものは、永遠に失われてしまっていた。

孝之は困惑し、寂しくパリを去った。日本に帰国してからの日本女性との折々の関係は、ウィニフレッドと疎遠となり、しかも子供たちを失った心の空洞を埋められるものではなかった。

孝之が望んだのは、〝伴侶〟であった。彼は日本女性との結婚の可能性を考えはじめたが、それにはウィニフレッドとの離婚が必要であった。彼はパリでのふたりの再会や、彼女が与えた印象を思い起こした。恋に落ちた〝着物をまとった女性〟は、永遠に去って行ったのだ。彼女の愛らしい澄んだ灰色の眼に浮かぶ恥ずかしそうな表情や、優しい態度、どんな小さな親切に対しても表わす感謝は、冷たい鋼鉄のような強さに置き換わっていた。

彼女は最も不幸な環境にあっても、独力で自分と子供たちとの生活を立派に成り立たせることができる、並外れた女性であった。いちばん彼の心を打ったのは、彼女の品性の高さと独立心であった。彼に何も要求せず、経済的安定を得ようともしなかった。事実、彼女はまったく何の要求もしなかった。要求を言葉にしたのは、彼の方だった。

名古屋で、ひとり机に向かいながら、彼はふたりの役割の変化について深く考えた。彼女は自活し、ふたりの子供を独力で育てあげ、そして自分の仕事をつづけた。竹のように、不幸な強い風の下では頭をさげ、嵐が過ぎ去ると、以前と変わることなく強く、美しく起き上がった。

孝之はウィニフレッドに離婚を求める手紙を、なかなか書けなかった。彼女が離婚の原因を作ったのではないのはわかっていた。彼に対する彼女のふるまいは、いつでも模範的だった。彼女の誠実さと、耐えてきた苦しみにこのような仕打ちで報いるのは、重大な権利侵害となるだろう。彼がいつも子供たちの母として自分を誇りに思っていると、ウィニフレッドが信じているだろうことも、彼はよくわかっていた。

彼女は他の女性たちに自尊心を踏みにじられ、深く傷ついていたこともあったが、彼の子供を産み、妻として江口一族の中で揺るぎない地位を得たのだ。彼女にとって、結婚は生涯の献身であり、その旅路がどんなに辛く厳しくても、決して挫けないものであった。

彼は自由の身にしてほしいと、彼女に頼むことはできなかった。代わりに、この結婚は終わりという証拠に、彼女が日本にくる事を拒否した手紙を使った。この方法で、結局彼は、望んでいた離婚を成立させた。だが、ウィニフレッドが彼のしたことと、自分が離婚経験者であることを発見するのは、それから何年も後のことである。

孝之の二番目の妻マサコは、彼よりずっと若い、美しく聡明な女性だった。孝之が十年間の英国暮らしで、もはや日本の社会に自然体で適合できなくなっていると気づくのに、そんなに時間はかからなかった。空白の年月の間に、日本語そのものも変化していたのだが、彼は日常会話の日本語をうまく話せなかった。伝統的なしゃべり方は、古風に聞こえた。

これに気がついたとき、彼はテープレコーダーと日本語のテープを買い、日常会話を勉強した。しかし話し言葉にもきまりがあり、タキはいつも間違った使い方を選ぶようで、夫人のマサコを当惑させることもあった。

彼は六十三歳で東邦レーヨン社を退職して、自分が建てた平屋の建物に隠居した。彼には英会話を教える大勢の生徒がいて、いつも洋式の肘掛け椅子に座っていた。独特の教授方法を開発したようで、それは今までの普通の日本人英語教師の教え方とは違ったものだった。また英国から到着した船をたびたび訪ね、乗組員をもてなそうと家に招待して、英会話を楽しんだ。書き物もし、絵をふたたび描きはじめた。

しかし、英語教育を中心としたこれらの活動では、夫婦ふたりとお手伝いの生活維持と、名古屋の中心街にある大きな不動産の税金を払うのには充分ではなかった。借金が資産を上回っていた。だがこの問題は、相続した不動産のなかでもいちばん大きな建物を使うことによって解決した。熊市の三階建て、十八部屋あるもとの大きな家族用の家は、隣接する名古屋の中心にラジオ塔を建設中の会社の、従業員宿泊用施設になった。それは大変な仕事だったが、最終的には、経済的に不安のないものになった。

一九五五（昭和三十）年の夏、妻のマサコが女の子を生んだ。父にとって、この三人目の娘ノリコの誕生の喜びは大きかった。この子を通して、アルマの死と私を失ったことの償いができると感じたのだろう。この小さな赤ん坊は、私たちふたりを合わせたようなかけがえのない存在で、しかも自己をしっかりもった小さな個人でもあった。孝之はノリコのすべてに心配しすぎるほど心配したが、やがて、母としてのマサコの育て方を信頼するようになった。

ノリコが大きくなると、孝之は机を窓辺に移して、窓から庭で遊ぶ彼女の姿を眺めた。アルマと同じように、ノリコも音楽に才能を示し、五歳からピアノを習い、バレエのお稽古も楽しんだ。父はピアノを買い、アルマにさせたように彼女をピアノの椅子に座らせて、小さな足をペダルのはるか上でぶらぶらさせて客人をもてなすノリコをとても誇りにした。

私の子供時代は、日本人との混血児であることで他人とちがい、苦しかった。父がスパイの疑いで監獄に入っているらしいという憶測から皆の注意をそらそうと、私は学校でプリンセス・チチブのおかしな話を創作したものだった。人生の苦悩の責任は父にあると感じていた私とはちがい、ノリコの子供時代は幸福なものであることを祈っていた。

パリの再会

シャンパンを掲げて
「昔のままに」
と年老いた男は言う
訪問客に
妻であった人に

第13章　父を見つけ出す

私は一九五四年九月十三日に、ロビン・リードと結婚した。リード家側の強い反対を押し切っての結婚だったが、とても幸せだった。そして、ヴィクトリアとクレアというふたりの娘に恵まれた。一九六〇（昭和三十五）年まで、ロビンと私は、幼いふたりの娘と共にルートンに住んでいた。ロンドンの北方四〇キロの小さな工業都市である。

私たちはお互いに満足しており、彼はアメリカでスポーツやレースの車を売るロータス自動車会社の営業部長の仕事を楽しんでいた。上司のコリン・チャプマンが、家族に会うための帰国を許さないのが問題なだけだった。六ヶ月の別居の後、ロビンは再契約を望まなくなっていた。アメリカに留まるべきだという無情なチャップマンに、私は会いに行った。ロビンはアメリカを離れることができないからと、チャップマンは逆に私をアメリカに呼び寄せることにした。

ロビンの留守中、母は私が会社で働けるように、喜んで孫たちの世話をしてくれていた。おかげで私は、ニューヨークに夫を訪ねることもできた。しかしながら、一度アメリカに足を踏み入れると、ロビンのもとを去り難く、滞在は当初の計画より長くなった。飛行機に搭乗するのは嫌いなので、ひとりだけの帰国をとても悲しく思いながら、私は船で帰途についた。そしてその船上で、私は自分の人生における一つの重要な転機と遭遇することになる。

＊　＊　＊

船がニューヨークを出航すると、私はお茶を飲みに談話室へ行った。混んでいたが、腰を下ろすと、隣りに座って泣いている初老の男性に気づいた。彼は自分の涙に戸惑い、少しおちつくと、私の方を向いて謝った。

「私の名はフランク・フィルプです」

と自己紹介をしてから、お茶を飲み終えると、泣いていたわけを話しはじめた。

彼はひとり娘に別れを告げたばかりだったのだ。娘はアメリカ人の芸術家と結婚したので、アメリカに残る。彼は娘との別れを悲しんでいた。再会できるかどうか、あるいはいつ会えるかもわからなかった。もう二度と会えないかもしれない……。

彼の心配と喪失の痛みには、圧倒される感じだった。この男性が感情的に涙をこぼす姿を目の当たりにして、私は深く心を動かされた。

船室へ戻り、ひとりになると、心が乱れ、ためらいながらも、はるか離れた日本にいる私自身の父について考えはじめた。

父について、心の奥深くしまいこんでいた感情が初めてあふれてきた。あたかもフランクの涙が、父に対していだいていた自然な感情を二十年間凍結してきた、その氷の中心に触れたかのようであった。父が私をどのように思っているのか知りたいと思いはじめた。

父は私を懐かしんでくれているのだろうか？　父はずっと私のことを思っていてくれて、私がどのようになったか心配したのだろうか？　フランクのように、父も娘を失って泣いただろうか？　私を愛してくれたのだろうか？　気にかけていてくれたのだろうか？

ひとり、ニューヨークを去る著者

ロンドンに戻ってから、どうすべきかを熟考した。父に手紙を書こうか？　私の人生に起ったさまざまなことを伝え、孫娘とロビンと私の写真を送ろうか？　日本人とみられることを恐れ、ひどく嫌った歳月を考えないでいられるだろうか？　私たちのことなど忘れてしまっている父にたいし、私の手紙はかえって重荷になるのでは？

母に打ち明けて助言を求める前に、私はひとりで長い時間、この問題と格闘した。

父がヨーロッパを訪問したときに、なぜ子供たちに会いに英国へこなかったのか、ずっとわからなかった。英国入国を望んだ父の要求が内務省によって却下されたということが判明するのは、ずっと後のことになる。

パリでの再会の失敗に失望して、タキが手紙を書くのをやめた後、母はシゲオ・イシカワ氏と文通を続けていると、英国に戻った私に話した。父が私たちを気にかけているかと訊ねると、

「もちろん、パパがどんなにあなたたちを愛しているか」

と母は答えた。

「パパに手紙を書きたい」

と私は言った。

母は、初めに自分がイシカワ氏に手紙を書き、孝之が私からの手紙を気持ちよく受け取ってくれるかどうかを聞いてみると提案してくれた。そして、その誠実な友人から、母は肯定的な返事をもらった。

父は私の手紙を待っている！　これに勇気づけられて、私は初めての手紙を父に書いた。

「一九六二（昭和三十七）年九月二十三日
親愛なる父上
母と文通していたイシカワ氏はすでに貴方と話しあい、長い歳月の後に私が貴方に手紙をお出ししたい、そして貴方からの便りを受け取れたらという私の望みを、貴方に告げてくださった

三世代が一堂に。左からウィニフレッド、ヴィクトリア、筆者、クレア。

ことと思います。家族が別れ別れになるというのは、いつでも悲劇的なものです。今でも思い出す戦時中の辛さを伴っているときは、なおいっそうに。そして家族全員、特に貴方とイアンは大変苦しんでいたのですから。

今ではすべてが家族の歴史となりました。それについて、私の子供たちはまだ何も知りませんが、質問してくるのもそう遠くないことでしょう。そして私たちの共通の物語が、悲しい、辛い結末になるのに私は耐えられません。我が子とほとんど同じ年頃のころ、怒りと苦痛の手紙を貴方に書いたことを思い出します。それは貴方を深く傷つけたに違いなく、それ故に、私を許すのはむずかしいと思われるかもしれません。しかし今、私がかつて持っていたこのような感情は、長い時を経て変化し、私たちの再会も可能となったこと、そしてお会いできればたいへん嬉しいとお知らせしたたく、この便りを書いています。

貴方は私の父であり、他の誰にも満たすことのできない、私と私の子供たちとに繋がる、特別な関係の中にいらっしゃるのです。私が貴方を懐かしく思っていることを知ってほしいと、長い間ずっと願っていました。

どの子供にも、母親と同じように父親が必要です。私は手紙を書き、貴方が私の希望を拒絶しないことを知りたいと思ったのです。希望とは、貴方が私に返事を書き、子供たちを貴方の一族に受け入れてもらいたいというものです。彼らもそう望んでいると、私は思います。

現代社会は狭くなっています。もし私たちが日本に行くなら、あるいは子供たちが行くなら、貴方か、一族のどなたかは、私たちに会いたいと思うでしょうか？　このむずかしい手紙を終えるにあたり、あなたが望まないなら、これ以上私たちについて書くことはないと感じています。

子供のとき貴方を傷つけた悪から、正義を行なえるように何年ものあいだ私を促したこの感情を、貴方が理解してくださるように願っています。母としての私が、子供たちも大人も許すことができることを、貴方がわかってくださると信じています。貴方からのお返事がすぐに届くように、心から望んでいます。


貴方の健康とこれからの幸せを、心より願って。

エドナ」

何日間も、この堅苦しい、やっかいな手紙と私は苦闘した。自ら行なった検閲作業から解放されると、私の幼い子供時代や日本訪問のときの小さな出来事の数々を思い出しはじめた。そしてそれを手紙にしたためようと強く思ったが、言葉がみつからなかった。

生まれたとき祖父に似ていた娘のヴィクトリアは、六歳になっていた。同じ年齢の私はまだ学校に通っていなかったが、おもちゃの町をじゅうたんの上に作ったり、父が週末に加わったときには、ひよこ用にもうひとつ、小さな小屋を、またはお店を作ってくれないかしらと思っていたころの私と同じ年になった。私が彼女と同い年のころ、父はよく私たちを海岸に連れていき、ダウンズで凧揚げをしたものだった。

娘たちの姿の中に幼なかった私自身を見いだすことは、そうした記憶のすべてを、より痛切なものにした。二歳年下のクレアは、日本にむけて出航したときの私の年であった。

一種の宙ぶらりん状態の二ヶ月が過ぎた。私は心配しながら毎日、日本からの郵便と、届かない手紙を待ち、希望は徐々に消えて行った。私はウィルス性の髄膜炎にかかった。これは、看病にルーンにきてくれた母にとって、アルマの病と辛い結末の記憶を呼び戻される、苦しい時期であった。

そして、どんよりとした冷たい朝に、日本の岐阜から、鵜飼いの切手が貼られた航空便の封筒が届いた。中にはタイプされた二枚の薄い便箋が入っていた。私は、ほとんど息が止まりそうだった。すぐにベッドに静かに座って、父からの初めての手紙を読んだ。

「親愛なるエドナ

四月一日に貴女の望みについて、イシカワ氏に手紙を書いてから、私は貴女のことを今まで以上に考えはじめ、二十年以上の沈黙の後、貴女が本当に私に手紙を書いてくれるのだろうかと考えていました。

彼は、私の手紙は宛名が間違っていて、それが返信にたいへん時間がかかった理由だと、説明しました。

さて、どう始めればいいのかわかりません。貴女の手紙が届いてどんなに嬉しいか、想像できると思います。手紙を何回も何回もくり返して読みました。

一九五八（昭和三十三）年の終わりに、私は東邦レーヨン株式会社を退職し、私の両親が住み、兄弟姉妹が育った家で隠退生活に入りました。ロンドンに行った一九一四（大正三）年まで、ここに私は住んだのです。

貴女は私の父が遺した家を覚えていますか？　退職後の暮らしの安定のために、それを改築して小さな宿泊施設にしました。日本では、年金や福祉制度は英国の組織にはるかに遅れをとっていて、貧弱で不十分なのです。年老いた貧しい人たちが、蓄えに頼る手段をもたないなら、どんなに暮しに苦心しなくてはならないか、貴女にはほとんど想像できないでしょう。この点において、私は昔も今も、最も恵まれているひとりであると言うべきでしょう。それでも、一九四六

（昭和二十一）年の帰国以来、今の状態に到達するまでに、私はこの国で必死に働かなければなりませんでした。いまや充分な知識と常識を持った女性になっている貴女なので、人生の痛みや困難さについてはわかると思います。

弟のアキツグは、まだ名古屋大学の教授をしています。ヨウコはテレビのアナウンサーと結婚しました。サンゴは一九四六年に判事の職を辞して弁護士になり、列車で三十分ほど北にある岐阜に住んでいます。大勢の外国人訪問者が、そこに鵜飼いを見に行きます。

一九三四（昭和九）年に貴女は、私の伯父が住んでいた古知野に滞在しました。彼は母の兄で、二度、県議会議員を務め、私が一九一四年に英国に出発したときには、議長をしていました。彼は一九五九（昭和三十四）年に九十六歳で亡くなりました。彼の長男ヒデオは、私の伯父によって設立された名古屋の会社の専務をしています。

私には妹が二人いて、下の妹は私の家の近くに住み、お琴を教えています。もうひとりの妹の長男は紡績会社を経営しており、それは小さな規模ですが、平均よりは大きな会社です。

このように貴女には、私の血筋にかなり良い親戚たちがおり、物質的意味において貴女を悩ます者はいません。ただ困ったことは、多くが英語を話せないのです。でも彼らの子供たちが学校で英語を学んでいるので、大変なことではないでしょう。英語はすべての中学校で学ばなければならない科目になりました。あなたの関心にこたえて、私の家について最新のことを書きます。

六月一日に香港の最高裁判事が私の家を、東京での多忙にもかかわらず、二日間訪れました。

彼がロンドン大学経済学部で学んだので、私は彼ととても仲良くなりました。彼は日本式旅館での宿泊を希望し、十分に楽しみました。弟のサンゴが我々を鵜飼い見物に誘ってくれました。日本にきて、ヨーロッパ式ホテルに滞在し、旅行社のパンフレットに載っている場所を訪ねる人は、本当の日本と日本人を知ることはほとんどできないというのは、本当です。

昨年、ご主人と共にアメリカにいたそうですね。一九五四（昭和二十九）年に、私は仕事で二ヶ月ほどアメリカに滞在しました。近い将来、貴女が日本に来るように願っています。私の家は、英国の標準の生活様式よりはるかに劣っていますが、私たちは心からの歓迎で、貴女たち皆を待っています。私の兄弟も他の人たちも同様でしょう。

辛い思い出の時代に戻りたくないという貴女の考えに、まったく同感です。黒から白に変えることはほとんど不可能ですし、単なる手紙の交換で黒雲を取り除くことなど、たぶん望みのない試みでしょうから。ついに貴女の住所がわかり、本当に嬉しいのです。貴女の子供たちのスナップ写真と貴女の写真をどうぞ送ってください。

私に時々手紙を書いてください。私はいま六十七歳になり、人生の残り時間は、悲しい事ながら限られていますから、お互いに手紙を書けば書くほど、私たちは良く理解しあえるのです。これから先、貴女が私をもっと理解するなら、イアンに私のことを話すときがくるでしょう。

ご主人と子供たちにどうぞよろしく。」

長い年月を経て、多くの事が変化していた。父の孝之が最後に見た、ペインズウィックのピンミルへと流れる川べりを父と最後の散歩をし、スキップしていた十一歳の誕生日の幼い少女は、永遠にいなくなった。今では、私自身が幼い少女たちの母親だった。ベッドにふたたび横たわり、顔をおおって、私は泣いた。父のために、母のために、辛かった失われた年月のために私は泣いた。

翌日、私は返事を書いた。

「一九六二年、十一月十三日

親愛なる父上

貴方の手紙は昨日ここに届きました。貴方が返事をくださったこと、私の手紙を受け取ってからこんなにも早く返信してくださったことに、私がどんなに喜んでいるかおわかりでしょうか。母はこのところずっと私たちのところに滞在していて、ふたたび貴方からの知らせを聞いて、とても喜びました。特に貴方の家族について、いちばん興味がありました。

私はウィルス性髄膜炎から回復したばかりです。可哀想な母は、私を看病中にとても心配しましたが、昨日、私は初めて起き上がれるほどに回復し、今日、貴方に手紙が書けます。古知野にあった大伯父様の家を思い出せます。庭を取り囲んで建っていた家の図面を今でも描けるかもしれないと思いますし、池やそこに架かっていた小さな橋を鮮やかに思い浮かべられます。村については少し、もちろん何人かの叔母様や叔父様、そしていとこたちも覚えています。アキツグ叔父様御夫妻と従姉妹のヨウコについては、特別に思い出します。私たちがそちらに滞在していたときに私は、下の娘と同じ年頃だったのです。」

私はロビンについてと、ふたりの生活について続けた。そしてわかってはいたが、私たち全員にとって苦しい主題へと話を変えた。

「母は七十キロほど離れた、ロンドンの反対側に住んでいて、お互いにかなりひんぱんに会うようにしています。彼女は自分の今の身分を、私から貴方に聞いてほしいのです。私たちには貴方が結婚しているのか、はっきりしていないのです。もしそうであっても、貴方は私を心配しないでほしいのですが、母は自分は知るべきだと感じています。なぜなら、今まで彼女は、すべての公的な質問に、外国に夫がいる〝既婚者〟と答えており、もし正しくないのなら、そうすべきではないのです。

貴方は母とイアンからの疎外感を感じているように思いますが、貴方がそのように感じるには理由があると思います。しかし年月は過ぎ去り、私たちは大人になり、少し賢くなりました。もうこれ以上、後ろをふり返るべきではないのです。私たちの前には時間があり、その中で学び理解できるのです。もし貴方が時おり母に、数行の手紙を送るなら、それが彼女を幸せにすると確信します。

イアンにはもっと問題がありますが、彼が戦争中にたいへん苦しんだことを、貴方は理解しなければなりません。少年たちはお互いに耐えられないほど残酷になり得ることがあり、イアンがされたことの幾つかは、男子校というよりは収容所にこそふさわしいことでした。彼は大きくなるときには、貴方をとても恋しがっていたのですが、彼にとって人生が辛いものになったとき、すべての苦労の種は、自分が日本人との混血児であるせいにしようとしました。彼は成功に値する、とても賢くて、働き者の青年です。

文通を通して、だんだんとお互いを知るようになり、ふたつの国の生活の類似点と相違点もわかり合えたらと望んでいます。私が自分の一族の歴史に関して、彼らがどのようにして名古屋や古知野に住むようになったか、どのように一族が大きくなったのかについて、知らないのは恥ずべきことだと思います
貴方へのこの二回目の手紙を、貴方への暖かな気持ちを送ることと、近いうちに貴方からの再度の手紙が届くように待っていると伝えて終わります。私たちの手紙が、私たちの家族がお互いを知り合う架け橋になることを信じています。そして将来、夫と私、あるいは子供たちが日本へ旅したら、一族が喜んで会ってくださると知って、素晴らしい経験をするだろうと確信しています。

貴方の愛する娘、エドナ」

手紙と一緒に、子供たちとロビン、そして私の写真を封筒に入れた。

十一月二十二日、孝之の返信

「愛するエドナ
　さっそく二十日に貴女からの返事を受け取り、とても感謝しています。貴女がどんなに成長したか、知ることができました。貴女は英国人というよりも、日本人らしく見えますし、ヴィクトリアも同じです。
　貴女の二通目の手紙を読んでまずお願いしたいのは、貴女の母上との文通を再開するよう私にすすめないでほしいということです。貴女がそのわけを理解し、私が利己主義すぎると思わないで欲しいのです。戦後、日本の民法は多くの点で、現実的になりました。私たちは相互の要求にもとづき、結婚問題を管轄する役所で離婚が認められました。パリからのウィニフレッドの手紙が、彼女の結婚継続の意志がない、結婚解消の要求として受け付けられたのです。一九五七（昭和三十二）年十一月に有効となり、彼女は日本では自由です。でも英国ではどうなのか、私は知りません。疑問があるなら、貴女に直接答えましょう。」

ウィニフレッドが離婚されていたという知らせは、彼女に大きなショックを与えた。孝之との新しい接触をしようとする私の試みは、すでに多くを失っている彼女にとって、私をも失うかもしれない恐れを彼女にいだかせることだと、私は父に説明しようとした。しばらくの間、古傷をふたたび開けてしまったかしらと私は悩んだ。だが、やっとのことで私は、〝橋を架けよう〟と試みることにした。

「私たちの手紙は、すでに去って行ってしまった、幸せと理解をもたらすかもしれないと希望しつづけます。私たちの進む先には、まだ多くの日常の暮らしがあるし、できる限りそうしたいと望んでいます。」

この手紙を受け取って二日後、父はふたたび手紙を書いてくれた。

「貴女は私の状況を理解したと思います。私たちは、書類の上だけで何年もの長い期間、結婚していました。現実的感覚では、結婚したふたりの人間は、そのように長期間、離れては暮らせないものです。人間の自然な姿にあまりにかけ離れています。できるだけ早く、離婚証明書類のコピーを貴女に送ります。貴女の母上が、これからより幸せに、そして良い状態になられますように、物事を友好的に平和的に処理するようにと祈っています。」

彼の願いは、しかし、理解されなかった。父が見通していたように、ウィニフレッドは離婚を受け入れることができずに、彼女の悲痛と怒り、そして私が彼女を裏切ったという感覚は明らかな腐食作用で、小さな家庭の雰囲気を汚染した。彼女はさすらい人の地位に戻り、何ヶ月間か、私たちの関係はねじれてしまった。彼女はこれ以上私が父に手紙を出すことを望まなかったが、もう私は始めてしまったのであり、止めることはできなかった。

私は父の貴重な手紙を、フォルダーに挿しこんだ。あとでイアンが現在働いているシンガポールから訪ねてきたときにこのことを話し、読むようにと手紙を出した。彼は、手紙になんの興味もないし、父に対して何もしたくないと無愛想に答えた。私はそれ以上何も言わず、後で彼のベッドのそばにある机の上に、そのフォルダーを置いた。

その年、父と私は手紙のやりとりを続けた。彼は離婚証明書のコピーを送ってきて、ロンドンを訪問している彼の日本人の友達たちに、私が会えるかどうかを訊ねてきた。また英国の子供たちが描いた絵を、ノリコの学校の生徒が描いた絵と交換するために送ってくれないかと聞いてきた。私は同意し、子供たちの絵を送った。日本の子供たちの素晴らしい作品が、学校やルートンとブレッチリーの図書館に展示された。

三月に父はヴィクトリアとクレアに、バースデイ・カードと絵本を送ってきた。私も似たような贈り物をノリコに送った。次の手紙で、父は最近めまいがして、外出時に杖を使わなければならないと言ってきたが、重大なことだとは思っていなかった。

その月のうちに父は、ウィニフレッドからとても気持のよい手紙を受け取ったと告げる手紙を書いてきた。彼女は私がしたように、学生だったときのイアンが受けた苦難について書いていた。彼女の手紙を読みながら、父は「目頭が熱くなった」と書いていた。息子の身に戦時中何がおこっていたかを聞いて、悲しみを表現する言葉がなかったのだろう。彼は私たちの写真を、特にイアンの写真をもっと送ってくれないかと頼んできた。

何ヶ月もの間、弟は父に手紙を書く気になれなかったが、一九六三（昭和三十八）年四月に、ついに彼が書いたという知らせがきた。父は手紙で次のように言っている。

「彼の手紙をたいへん注意深く読みました。まず初めに、彼の業績に喜びを述べなければなりませんでしたが、彼の若かった日々に、たいへんな同情を感じずにはいられませんでした。貴女が書いてきたように、その頃の彼は、素晴らしい勇気を示し、今あるものを達成したのです。私は彼をとても誇りに思いますし、彼が提案するように、過ぎ去った時に関係なく、ふたりはまるで長年の友人のようだと書こうとしています。」

一九六三年にイアンは離婚し、翌年オーストラリアへ移住した。そこで再婚したが、新妻を連れてハネムーンに日本に来るように、父は彼を招いた。それは稀有な、素晴らしい再会であり、イアンの心の傷を癒した。孝之の息子に対する誇りが写真にははっきりと表われている。

父と私は文通を続け、彼の手紙には、医者にかからなければならない執拗な咳の心配が書かれるようになった。彼は、英国では気管支炎にコバルト、ラジウムを使うのが普通なのかと尋ねてきた。そうは思わなかったが、それは言わずに、ノリコと主治医と共謀することにした。医者は孝之の気質を考慮して、これまでの喫煙のせいで肺癌になっていることを、彼には知らせないと決めていた。

そのときまでに私は、マリッジ・ガイドと教育カウンセラーになり、ハーレイ通りで毎週、特別講義を受けることになった。週間訓練を受ける教師のひとりに選ばれていたし、建築家と一緒にデザインの仕事も引き受けていた。二人の子供は長いあいだ留守番させるには小さかったし、日本への切符は高価だった。私が父を訪ねるという考えは、口にすることもできなかった。

一九六六（昭和四十一）年五月十二日、父は検査入院をした。六月になるとコバルト照射を受けはじめ、副作用の痛みに苦しんだ。七月にはまだ入院中であったが、時おり日帰りの帰宅が許可された。すべてに忍耐強く耐え、七月二十五日についに退院が決まり、家に帰ると書いてよこした。その後の手紙には、順調な回復が書かれていた。マサコのように、それを本当だと信じる必要があったが、実際は家で死ぬための帰宅であった。

父が死にかかっていると最終的に認めたのがいつであったかは、今では思い出せない。しかし、ある日急に、彼に会わなくては、少なくとも話しかけなくてはと私は思った。緊張して、初めて受話器を取り上げ、ダイヤルを回した。不明瞭で狼狽した日本語の声が答え、それから力強い英語の声が取って代わった。

「どなたですか？」

「エドナです。英国から電話をかけています。あなたはどなたですか？」

びっくりしたことに、その人は答えた。

「貴女の従兄弟のロバートです。仕事であなたのお父様を訪ねていたのです。」

私がまだ会ったことのない、若いときに離れ離れになっていた母の妹レーニーの息子であった。

できるだけ早く日本に行こうと計画していると、私は彼に告げた。

ロバートが答える前に、長い沈黙があった。

「残念だけれど、エドナ、おそらく遅すぎる。お父様はベッドに横たわり、重体です。もはや話すことはできずに、たいへんな努力をして数語を書き、やっと意志を伝えています。今そのような旅をしても、得るものは少ないでしょう。」

それからの続く数日、母とロビンは、私がどうすべきかについて議論した。ふたりとも、私が日本へ行くべきとは考えなかった。私はひとりで旅をしなければならなかったし、二十五年以上がすぎて死の床にある父との再会は、精神的に苦しい体験となるだろう。私は父に会いにいかないのは大きな間違いだと感じていたが、ただ来るべき恐ろしい知らせを待ったまま、無感覚の宙ぶらりんの状態でいた。

一九六七（昭和四十二）年二月八日、電報を受け取った。父は午後五時十分に亡くなったのだった。

父を最終的に失ったことは、私の中に孤独と悲嘆を残した。ロビンは私を慰めようとしたが、この大きな、空虚な悲しみは理解できなかった。子供のとき以来、父と一度も親密な関係を持たず、会うこともなかったのだ。私の人生で何十年間も、父は役割がなかった。どうやって彼を懐かしがればいいのか？

しかし、それが問題点のすべてだったのではない。彼の死で私が失った物は、希望だったのである。私の中には、いつの日か、イアンのように父とふたたび繋がり、お互いに見つめ合い、お互いがどんなに愛しているかを知るだろうという信念があった。

私はお葬式に行って、彼を悼むことができなかった。個人的に彼を思い出す物を何も持っていなかった。私をひどく傷つけたのは、この恐ろしいほどの空虚さだった。私は彼の写真の前に花を手向けた。これが私にできるすべてでしかなかった。

大きな慰めは、遠い日本にいる父の再婚相手、マサコからの思いがけない手紙だった。彼女はひとりになった悲しみがどのようなものかを理解しているようで、父が生前持っていた品々――銀製のタバコ入れ、カフスボタン、オパールのピン、そして認め印付きの指輪を形見として、気前よく私に送ってくれた。その指輪を、私はそれ以来ずっと身につけている。

日本では、マサコと娘のノリコが葬式を執り行ない、彼に別れを告げに来た親戚の人びとを迎えていた。彼らは火葬場に向かい、そこで孝之が焼かれるのを待った。それは三時間かかり、終了するとノリコは特別の箸を渡され、それで父のお骨を拾い、骨壺に納めた。

三十年後、私の腕の中で震えて泣きながら、私の小さな妹は、お骨上げがどんなに恐ろしかったかを話し、最後にはふたりで一緒に、私たちの父のために涙を流した。

父

子供はあなたを失い
大きくなった女性はあなたを見つけた
愛は短く
思い出は長い

第14章　偉大なる老女

母は六十歳代半ばになっていた。彼女は自立した生活を望み、タクシーやエレベーターを使わずに、ロンドンやサセックスなどに行く列車に乗りたいと思って、家を探した。そして、駅から徒歩十分のブレッチリーの気持よい住宅街にある、チャーチ・グリーン・ロードのエルムスにテラス・ハウスを見つけ、その四号に移った。母が引っ越した一週間後に、そのテラス・ハウス五号に隣人が移り住んだ。彼の名はジョセフ・ベノータス。

リトアニア生まれで、一九三九（昭和十四）年にロシアが彼の小さな祖国に侵入してきたときには、まだ十代だった。彼はドイツに逃れ、そこから英国にやってきた。レンガ職人として働き、四十歳になって、小さな自宅を買ったのだった。

母は何くれとなく彼の面倒をみはじめ、そのうちに時どき夕食を彼のために作ったり、足りない家具を揃えてあげたりした。

リトアニアにいたときに錠前屋として年季奉公を始めた彼は、知的で、よく訓練されていて、とても器用で、物を作ることも修繕することも得意だった。ふたりの間には友情が芽生え、そのうちにジョセフが互いのパントリーの境界壁のレンガをいくつか取り除き、小さな隙間を作った。母は長いステッキをもっていて、ジョセフに用があるときには、そのステッキで隙間から、彼の食器棚の扉を突っつくのだった。

ジョセフは修理が必要な物には修理をし、イチゴを育てたり、バラの接ぎ木をした。ウィニフレッドはふたり分の洗濯をし、アイロンをかけ、料理を作った。そして、一緒にカード遊びをし、語り合っていた。

ウィニフレッドの人生のこの時期は、多くの嵐と災害すれすれのところを通り抜け、ついに静かな海上を、錨を下ろすことのできる安全な港に向かって航行している船の状態だった。ブレッチリーで、彼女は充実した人生を生きていた。自転車に乗って、図書館やお店に出かけ、友人たちを訪問し、いつもエネルギーにあふれ、幸せに満ちていた。

しかしこの頃のウィニフレッドは、何人かの親しい友人を失いはじめた。彼らは最も暗い時期に彼女を支えつづけてくれた人びとであった。友人たちの死は、ウィニフレッドに、自分も死すべき者であることを思い起こさせて、毎日、自分のできるベストを尽くそうと決意させたようだった。特に、旅がしたかった。

一九六四（昭和三十九）年に、彼女は冬の寒さから逃がれて、ジブラルタルに行った。そこで、ホテルの部屋の家具の配列を変え、絹の六角形を手で縫って繋ぎ、イアンと新妻ジルのためのベッドカ

イアンとウィニフレッド。オーストラリアにて

ヴァーを作って時間を過ごした。彼らを初めてメルボルンに訪ねたのは一九六九（昭和四十四）年で、それ以後、途中香港やシンガポールに立ち寄りながら、毎冬くり返し訪ねた。スコットランドの高地へ数回、休暇の冒険に出かけもしたし、パリで旧友と数週間過ごしたこともあった。

　ロビンは、注目に値する仕事で、自分のキャリアを順調に積み上げていき、それを楽しんでいた。ふたりは一緒に働き、喧嘩はしなかった。私はこのとても幸せな日々に感謝していた。

　しかし一九七二（昭和四十七）年、ロビンは他の女性のもとに去って行った。結婚生活は救えなかったのだ。こうなってしまった自分が、かつての自分へ戻るためのリハビリテーションは、長くて困難なものだった。なぜなら、母の人生がイアンと私に集中していたように、私の人生もまた、夫と子供たちを中心に廻っていたからである。

母は、私が惨めにイライラしていることに気づいた。そのことで私は、自分がいつでも元気にみえることを母が期待しているのだとすぐにわかった。母を失望させないように私は一生懸命努力したが、それは簡単にできるものではなく、特にヴィクトリアとクレアが自分たちの人生を生きはじめ、家を去ってからはなおさらであった。失った自信を取り戻し、自分が何者であるかを見つけ出し、ひとりでの新しい、価値ある人生を作るのには何年もかかった。

母の移り住んだエルムスは良く整備された共同社会で、母はすぐに受け入れられ、新しい友人を作った。友人のひとりは、その地方のアクアスキュータムの工場の支配人をしていたマーガレット・フォレスターだった。彼女はウィニフレッドの創意豊かな縫い物に魅せられて、いつも地域のホスピスに寄付をするという了解のもとに、工場の質の良い布地の切れ端をウィニフレッドにくれた。隣人を助けるのと同じように、彼女は縫い物をつづけた。

主寝室はダブルベッドをどけて、代わりに三台のミシンが置かれた。一台は電動式、一台はペダル式、そして、彼女が使いつづけた信頼のおけるシンガー・ミシンであった。どのミシンにも灯りがついていた。アイロンとアイロン台もプレスするのに持ちこんだ。大きなパントリーの棚の列には、〝白い絹の裏地〟〝赤いフランネル〟〝ピンクのフェルト〟〝毛皮素材〟〝レース〟等とはっきりラベルに書かれた箱が整然と並んでいた。ジョセフのタバコの空き缶は、〝真珠のボタン〟〝安全ピン〟〝ス

左：“ハードに” 仕事に打ちこむウィニフレッド
下：これらのうちのいくつかはウィニフレッドお手製のもの

パンコール〟〝ゴム〟というような小物の保管に使われた。

母は自分が作った物を市場で売る助けが必要になり、友人たちが作品を入れたスーツケースをそれぞれの仕事場に運び、売るだけでなく、新たな注文もしばしば取って戻ってきた。車のトランクに商品や布、架台やそれに載せる天板、作品を飾るための布製の馬などがつまった箱を入れて、教会ホールやコミュニティ・センターで開かれる手芸展に、母を何度も車で連れていったものだ。母はこのような催し物が好きで、「あなたは芸術家だから」と言って、私がすべての手配をすることや、彼女のために販売をするのを好んだ。得たお金が、地域のホスピスにいったり、寄付したりすることで、彼女はとても満足した。

一九七八（昭和五十三）年、イアンと私は一緒に日本に行った。以前の訪問で、イアンは日本のことをよく知っていた。だが私にとって、この旅は感動的な旅であった。ついに、父の後妻と義妹に会えたのだ。彼女たちについて、父は誇らしげに手紙に書き、私は彼女たちを写真で知っているだけだった。

私たちは名古屋の中心にある、父の家に連れて行かれた。アメリカ爆撃機による空襲を持ちこたえたその建物は、高層建築群に囲まれて、建築的には風変わりなものだった。その家で、私たちは正式に迎えられた。未亡人のマサコが玄関に座り、ていねいなお辞儀で迎えた。そのような儀式ばったことに慣れていない私は、ぎこちなく無作法にみえたにちがいない。私は、彼女と、内気で心配そうな、私よりも小柄な二十歳の女子学生ノリコに心惹かれた。

マサコに話したいことは山ほどあった。父にしてくれた愛情あふれる世話への感謝、父の晩年の様子について、妹ができた喜び。だが、私は日本語を知らず、彼女は英語がわからなかった。この最初の会見は、言葉では多くは表現できないで終わった。

父が建てた平屋の家に入り、父の書斎を飾っている絵を見た。エイブラハム・リンカーンのゲティスバーグの演説があった。それは最も威厳ある声明、「人民の、人民による、人民のための政治」だった。そのそばに、小さな額縁に入った、ロンドン大学経済学部のバッジがついたブレザーコートのポケットと、そして孝之が描いた三枚の肖像画が並んでいた。エイブラハム・リンカーン、エリザベス女王、そしてウィニフレッドの三枚。父の求めに応じて私が送った、ふたりが一緒に暮らしたロンドンで撮った母の写真から写したウィニフレッドの肖像画である。

それらを眺めながら、私はそこに長い間たたずみ、父の人生におけるそれらの人びとの重要性に深く心を動かされた。父が人生の最後まで、最大の尊敬を持ち続けたふたりの女性。そしてここに至って、両親がいかに互いに愛し合っていたかを私は悟った。と同時に、エリザベス女王はともかくとして、前妻の肖像画を父の生前も、そして死後も、こうして飾りつづける後妻の寛容さと愛に感動した。

ノリコは家の中にある仏壇を見せてくれた。そこにはアルマと孝之の名を彫った二つの位牌が、江口一族の他の位牌のそばに立っていた。イアンと私は、先祖の霊が気づいてくれるように、小さな鐘を鳴らして、そこに膝を折って座った。

その訪問からしばらくして、イアンと私それぞれが、江口一族から孝之の子供と認められている証明として、寛大な遺産相続を受けた。私たちはこれを母と分け合った。生まれて初めて、私は銀行にお金ができた。私が大きくなる間、父は私を扶養できなかったが、このおかげで、私はロンドンにフラットを買い、それを貸すことにより、人生で初めての経済的安定を与えられたのだった。

＊　＊　＊

義妹との次の出会いは、下の娘クレアの結婚式出席のために、ノリコが勇敢にもひとりで英国を訪問したときだった。タキの再婚がわかったときに、母がどんなに辛かったかを思い出して、再婚の結果生まれた義妹と母が会って、どうなるかと大きな不安があったが、私の恐れは、いわれのないものであった。ウィニフレッドはノリコに暖かい態度で接し、もうひとりの娘として彼女を抱きしめた。

一九八四（昭和五十九）年、上の娘ヴィクトリアが仕事で日本に行き、ノリコとその家族に会った。二年後、重大な知らせがもたらされた。ノリコの夫、ユキオが三年間ロンドンに転勤になり、ノリコとまだ赤ん坊の娘のアキコが一緒に来ることになったのだ。

幸せな気持で、私は彼らの到着を待ち、代々使用した小児用ベッドを持ち出して、彼らが私の所に滞在する準備をした。そのベッドをアルマが使い、イアンと私も使ったのだ。

彼らは長いフライトに疲れ切って到着した。まだ会ったことのなかった義弟は日本人としては背が高く、中に赤ん坊を入れて、チャックを留めた冬のコートに包まれて、ノリコはまんまるく見えた。

小さな女の子はとても良い子で、小さな仏像のような表情を浮かべて、新しい周囲の状況を観察しながら座っていた。休養を二日間とった後、ユキオはロンドンに行き、フラットを探しはじめた。結局、他の日本人家族たちが住む、ハイゲートのマンションが立ち並ぶ地域にフラットを見つけた。そこで私は、ノリコをロンドンに連れて行き、住む準備を手伝った。驚いたことに、彼女の英語は素晴らしくなっていて、ほとんどの駐在員の妻たちよりもずっと上手だった。ひとりで完全に買い物もできたし、電話も使え、ロンドン中を見てまわることもできた。

彼らにとって、クリスマスは新しい経験だった。ウィニフレッドは私たちのお祝いに加わり、母とユキオはお互いに交友を楽しんだ。ヴィクトリアとクレアもやってきて、タキの娘と孫たちが一緒にクリスマスを祝うなどとウィニフレッドが考えたことがあっただろうかと思った。

一九八七（昭和六十二）年五月、ウィニフレッドは八十五歳の誕生日を迎えた。夕食の客は英国、日本、南アフリカ、西インド諸島、アイルランド、リトアニア、ポーランドからの友達もいて、その中には、数学の教授や考古学者、銀行家、主婦、社会事業家、老人ホームで働いている人、電気屋、俳優、レンガ職人、薬剤師、アート・コンサルタントがいた。

母のように特別な資質をもった人だけが、このようなバラエティに富んだ人びとを一緒に引き寄せることができたのではないだろうか。この友人たちは、彼女がたどった人生のすべての足跡から集まったのだ。

日本の家族がロンドンに滞在した間、訪問、食事、そして愛情を共に分け合ったという幸せな思い出ができた。ユキオの駐在は三年の予定が五年に延び、一九八九（平成元）年に、ノリコは息子クニユキを出産した。この素晴らしい出来事のために、ノリコの母マサコがロンドンにやってきた。はたしてふたりの江口夫人、ウィニフレッドとマサコはお互いに会いたがるだろうか？

最終的にノリコと私は、見るものがたくさんあって、言葉が通じないということがかえって問題を解決することになると気づいた。私が両方の親を遠出に連れ出すという計画をたてた。

私たちは目的地に、シェイクスピアの生地ストラットフォード・アポン・エイヴォンを選び、私の車にふたりの婦人を乗せて出発した。モーニング・コーヒーを飲もうと劇場に到着すると、母はタバコを吸いたくてたまらなくなり、その場を抜け出そうとした。

母の反応に、マサコは母がタバコをすってもかまわないとはっきり示したが、ウィニフレッドは戸惑い、火をつけ一服すると、急いで灰皿に置いた。そのとき、マサコは体を前に倒し、とても優美にタバコを取りあげ、唇の間にはさみ、眼を閉じて長く深く吸い込んだ。母の顔に浮かんだ驚きの表情と、マサコのいたずらっぽい表情は、体に悪いタバコへの愛を共有することで、すぐ笑いに変わった。そして女学生のように、ウィニフレッドのタバコをふたりで分け合ったのだ。

この団結の瞬間、古傷は癒された。

＊　＊　＊

ウィニフレッドが年を取ると、特にジョセフが退職した後は、彼らの役割は変わりはじめた。いまや世話をするのはジョセフであり、ウィニフレッドが弱り、自分で物事を処理できることが少なくなるにつれて、ジョセフの責任がより重くなっていった。毎朝、彼は母のコーヒーをいれて寝室に運び、新しい一日の始まりに、彼女のカーテンを開けた。

「私が生きているか死んでいるか、見に入ってくるのよ」

というのが、母の言葉であった。

母は精神的用心深さと、今までと同じ実際的考えから、もういらなくなった衣服や持ち物を整理しだした。あるものは地域のホスピスの店に、他の物はプレゼントとして友人達に渡された。その中には、熊市が彼女のために特別あつらえしてくれた帯もあった。彼女は美しい絹を切り分けて、それを友人たちは額縁に入れた。

彼女は自分の弁護士と会い、地域のすべての葬儀屋に、自分の葬儀の一番良い見積もりを取ろうと電話した。アルマとともに家族墓地に埋葬されるために、ロンドンまで運ばれる輸送代を含めた費用に、母は大いに関心があった。

ある日、母がふるえて、涙を流さんばかりにひどく怒っているのを見つけた。

「どうしたの？　いったい何が起って気が動転しているの？」

彼女の激怒した答えはほとんど支離滅裂だったが、私には次の言葉が聞き取れた。

「あなたのお父様よ」

一九四〇（昭和十五）年から孝之が書いたすべての手紙を彼女が破棄したことが、やっとわかった。

そのときは、妻として彼女が耐えてきた苦しみすべてに対する強烈な怒りの発作から、このようなことをしたのだと思った。だが彼女の友人たちと話し合った後に、私は間違いを悟った。自分の人生に不必要になったものを捨て去ることに有能であったウィニフレッドは、ただひとりの愛する人から貰ったという大切な理由で、その手紙の束を手元においていた。だがそれはとても個人的な物なので、彼女の死後、誰も読むべきではないのだ。それが、彼女が手紙を破棄した理由であった。

彼女の怒りはその行為に対してのものだったのだろうか？　おそらく運命と、相反する文化がふたりを離別させた、その状態にも激怒していたのではないだろうか。

そして私は、ディラン・トーマスの書いたように、「死に絶えゆく光」に対しても彼女が激怒したのだと、確信した。

ほどなくして、家の床の上でどうすることもできないでいる母が発見された。私は母に、絶対に病院や老人ホームでは死なせないと約束してあった。そのことがあってから、ついに母は、何年も前に私が母のために用意した、私たちの集合住宅にあるフラットに移ってきた。八十五歳から九十歳のときに、引っ越してきたいかどうかを時々訊ねたが、いつでも母は答えた。

「私はまだ、そんなに年老いていない！」

そこで生活するためではなく、死ぬために、彼女は到着した。その村に住む友人の娘セラフィナが、夜、手助けにきて、母に朝食を与えてくれたので、私はパートタイムで仕事を続けられた。そして社

ウィニフレッドの最後の日々。エドナの家で。

会福祉事業所から世話をしてくれるさまざまな女性がきて、毎朝母を起こし、お風呂に入れ、服を着せ、夜にはベッドに寝かせてくれた。私は乳癌の手術から回復したばかりで、体力的に弱っていたので、これらの手助けをすべて受け入れなければならなかった。

友人たちが訪問し、娘たちも訪ねてきた。ウィニフレッドはジョセフに会いたがったので、一番上等のスーツに身を包み、花を持った彼を連れてきた。彼は新しい環境にいる母に、以前の習慣ではないキスの挨拶をした。母はこのいつもと違う動作にとても感動し、彼に会えて心慰められたが、このような訪問にもかかわらず、人生のこの段階は母には堪え難いものだとわかった。加齢老化が余儀なくさせるこの情けない環境と、年老いて行く肉体へのフラストレーションは、彼女をどうしようもない激情で満たしていた。

以前と同じようにエネルギッシュで鋭い彼女の心は、家族に向かって集中し、多くの批判をした。ある日母は、私の芸術への没頭と、たびたび支払いもされないのに長すぎる労働時間に不満を漏らし、私にそれをあきらめて、もっと多くの時間を母と過ごすようにと求めた。他の日に母の心を占め、欠点を見つけだされるのは、イアンやヴィクトリア、クレアであった。私はこの暗い痛烈な非難の言葉は、その原因を理解できるとはいえ、皆に苦しみを与えるものだと思った。

ウィニフレッドは、死に向かっていることがわかっていた。肉体はだんだんと衰弱していった。彼女は聖餐式が授けられることを望み、私にノリコに手紙を書くようにと頼んだ。

マサコがタキの洋服を何か持っているか、そしてそれをウィニフレッドに送ることができるかどうかを訊ねるように、私は指示された。マサコはすぐに、カーディガン一枚とシャツ二枚、そしてネクタイの入った小包を送ってきた。

ウィニフレッドがこの衣料品を受け取るのを見るのは、素晴らしいことであった。そのときまでに、彼女は痛ましいまでに痩せ、腰は曲がり、筋肉は骨からぶら下がるような状態になっていたが、その小包を開けると、両腕をからみつかせてしっかりとそれを摑み、胸に抱きしめ、突然元気になったようにみえた。まるでそれが、彼女を暖かくしているようだった。そして彼女は私を見つめて言った。

「この洋服類を棺に入れて、私と一緒に埋葬してね」

こみ上げる感情に息苦しくなって、私はただ頷くだけだった。

一九九四（平成六）年三月初旬の寒い日に、ウィニフレッドは食べることも、タバコを吸うことも止めた。彼女にはもう十分だった。もはやブランディや水を一口で飲むこともなく、窓の外のパンジーや春の花々にあふれた特別な花壇を眺めて座り、少しずつすするだけだった。彼女は文字通り顔を壁に向けた。私の具合が良くなかったので、看護婦が手助けにやってきた。

ある日の午後、私がベッドに横たわっていると、母が『聖書』のある部分を読み、「主の祈り」を唱えるのが聞こえた。それからいちばん優しい声で、「主は羊飼い、わたしには何も欠けることがない」を歌いだした。母がアルマの十字架に刻んだ言葉であった。

私はすすり泣いた。十時に看護婦が立ち去ると、最期のときを母と共に座った。彼女は静かになったが、まだ両手は私の顔に比べて熱かった。朝の六時三十分、手伝いにきてくれていた愛すべきセラフィナは、ウィニフレッドが息を引きとったと告げた。九十二歳であった。

クレアが美しいサリーを持ってやってきた。ウィニフレッドにそれを見せたことがあり、彼女はそれをウェディングドレスにしようと考えていたのだった。

「どうぞこれをおばあさまにさしあげて。おばあさまは本当にこれが気に入っていたから、持っていってほしいの」

私はタキの衣類と一緒にそれを手に取り、棺の中の彼女の脇に入れた。庭から摘んできた、甘く香る白いヒヤシンスと青いパンジー、そして最期の日々に母のベッドのそばに座って書いた詩を、私は棺に入れた。

多くの知人、友人たちから、母の死を悼む手紙が寄せられた。

「親愛なるエドナ

数年前、あなたが〝オーベロンズ〟のために催してくださった素敵なパーティにうかがったとき、交友関係を復活させ、私が若かったころ、ともに若かった人びとと、過ぎ去りし時を思い出すことを期待していました。

でも実際は、ワージングでの記憶を生き生きと思い起こさせてくれたのは、同年齢の人たちではなく、世代を超えた、実際には会ったこともなかったあなたのお母様でした。彼女は私の腕を取り、私たちは一緒に樹々の下を歩き、私は彼女のことを今までずっと知っていたように感じたのです。

彼女の良識、共感、ユーモアに反応したのは、私ひとりではありません。昨年の〝オーベロン〟では、何人もが若いころに彼女から受けた歓待と感謝、そして彼女を知っているという喜びを語っていました。

ほんの短い時間しか彼女を知らない私のような人びとも、彼女のことを決して忘れないでしょう。彼女の不屈の精神は私たち全員を感動させました。そのひとかけらでも、私たち全員の中に生き続けることを願ってやみません。

ジョン・ジャクソン、フォークストーン」

「初めてブレッチリーに引っ越したとき、私はほんの二十歳かそこらで、どなたも知りませんでした。ウィニフレッドは最初のプレゼント、彼女の手作りのジャムで、本当に受け入れられていると私に感じさせてくれました。彼女の訃報を聞いた今日、マーガレットを植えました。私はその花を〝ウィニフレッドのマーガレット〟として思い続けるでしょう。

シンディ・ガーディナー、ポーツマス」

「おばあ様は上品で、聡明で優しい方でした。私たちは、彼女が大好きでした。

ノリコと子供たち、日本」

「あなたの勇敢な母上の旅立ちをうかがって、とても悲しんでいます。彼女は本当に快活で忠実な働き者でした。そのようなすばらしい精神を知ったことを名誉に思います。

ディアドレー、レィディ・ニール、ロンドン」

「あなたの母上をどれだけ思い出しているか知っていただきたいと思います。すばらしく聡明で、勇気ある方でした。彼女は私の青春の一部であり、彼女のことを忘れません。

ピエレッテ・ガルゴラ・アングエラ、パリ」

「あなたの母上は私の心の特別な場所にいます。大きな賞賛を彼女と、私自身も持ちたいと願うその気質に捧げます。

ローナ・スウィンデル、N・サイプラス」

「ウィニフレッドは、本当に勇気ある少女がそのまま年老いたような方でした。われわれが初めて会ったのは、彼女がすでに七十歳近くのときでしたが、彼女の地に足がついた生き方や気取りのなさは大いに私を楽しませました。彼女を知って、私の人生がとても豊かになったと感じています。

コリン・テディ、オーストラリア」

ガナーズベリーのケンジントン墓地でのウィニフレッドの葬儀は、彼女のごく親しい人びとのみで行なわれた。簡素な式は、彼女のランシング時代の親友の長男、平信徒伝道者のデイヴィド・ロバートによって執り行なわれた。式は陽の光と春の花に満ちあふれていた。

入り口には満開のツバキの花、花壇にはパンジー、サクラソウ、スイセン、ラッパスイセン、そしてアルマの墓に日陰を作ろうとウィニフレッドが植えたサクラの木は、今では大きく成長していた。

そこに、ウィニフレッドはアルマの隣に横たわり、永遠の眠りについた。

三週間後、リトゥル・ブリックヒルの聖マグダラのマリア教会で行なわれた追悼式に、ウィニフレッドの長かった人生を賞賛するために、多くの人が集まった。母は自分のこの儀式を、いかにも母らしく、計画していた。賛美歌を選曲し、参加して彼女の人生を語る人びとの人選をして、儀式の概要を描いていた。

追悼式の後に、参列者たちは〝タイラーズ〟と名づけたわが家に集まった。家に名前をつけるのは英国ではよくすることだが、その雰囲気は楽しいパーティのようなものだった。部屋を横切ったどこかで会話している母に会えるような気がしたし、友人たちと一緒の母の笑い声が聞こえるような気がした。

母と座って

母よ、母よ、どこに行くの？
どんな旅をしているの
勇敢に、ただひとりで
頭のなかで、旅路は計画できたの？
切符や地図を買った？

小旅行用のバッグも？

魔法瓶とブランディを入れて腰につける
水筒は持った？
膝掛けやクッション
足を休める腰掛けも？

向こうへ渡るのはやさしいでしょうか、
天候はどんなでしょう？
私たちから旅立つのは今夜かしら

それとも明日の朝一番かしら？
わたしたちはよくお別れで
さよならのキスをしたわね

わたしたちはあなたにさよならと手を振った
でもそれとはちがう

アルマと眠る、ウィニフレッドの墓

どこにあなたが行くのかわからない
あなたが私に語りかけてくれるといいのだけど
私はあなたよりもおびえています
暗闇の中の子供は

一九九四年三月九日に亡くなった母に捧げる
三月六日　エドナ

第15章　語られなかった物語

父が逝き、そして母も死んだあと、私はあらためてふたりの人生に思いを馳せた。

父の書斎で見た二枚の女性の肖像画――エリザベス女王と母のもの。あんなにひどいめにあわせた英国を、それでも父は愛しつづけていたのだ。そして、母のことはもちろん、とても強く……

こうして愛しながらも、過酷な運命によって引き裂かれたふたりとも、ひとりは相手の肖像画を残し、もうひとりは相手の衣服と共に、土に還っていった。

そして、残された私は、ある衝動にかられたのだ。六十代半ばになっていた私は、急に父の連行の理由を知りたくなったのである。あちこちの関係機関に足を運び、真相を発見する〝旅〟に出立することにした。

まずキューにある国立公文書館で調査をしながら、私は疑問の答えを見つけようとしていた。なぜ父は六年間も英国当局によって拘禁されたのか？

古い内務省や外務省の多数のファイルを読みはじめると、父について不快な真実や背信行為が暴露されるかもしれないと、私はとても神経質になり、不安になった。父は母に不誠実だったことがあったから、英国も裏切ったのかもしれない。もし父が本当にスパイだったら、私はどうしたらいいのだろうか？

内務省や外務省、そして国立公文書館などで膨大な量の書類を読み進むうちに、少しずつわかってきたことがあった。

話は一九四〇（昭和十五）年一月にさかのぼる。日本政府が、日本のヤマモト通りという場所に住むヴィクター・ピーターズなる人物を、「大洋丸」に乗ってシンガポールに出航しようとしているときに逮捕した。この人物は、英国のビジネスマンとして、一九三六（昭和十一）年十月に日本にやってきたのだった。だが彼が、海軍や経済問題の詳細を調べる情報組織とつながっている証拠が出てきた。彼は自然現象やドイツにむけて作られている船積みの分量や航路についての統計などを手に入れていた。英国のブルネルラインの船を使って神戸と香港間で伝言の中継ぎをしていたことで、長期間、日本当局の監視下にあった。

ピーターズは、軍機密保護法により逮捕、投獄された。彼の行為については証拠があったことからも、英国が彼の取り戻しを切望していたことは疑う余地はなかった。結果としてロンドンの英国当局は、一九四〇年十二月三十一日の作戦命令が発令される前であっても、ピーターズ釈放の〝交換要員〟として、ロンドンにおける誰か有力な日本人を逮捕することを決定したのだ。

父は一九一四（大正三）年から英国に居住しており、ロンドンの日本人社会では有力な一員であった。しかも英国にとって都合の良いことには、外交官の身分をもっていなかったから、この目的にはぴったり適合すると考えられた。七月十四日に父は逮捕され、まもなくロンドンと東京間の交信において、初めて彼の名前が現れるのである。

私の発見した英国の文書を、引用する。

「外務省　三七一　二四三七　サー・R・クレーギー宛（東京）
英国大使
一九四〇年七月二十七日午後五時五分
一三二七号　（R）
一九四〇年七月二十四日　返信午後三時十分
貴殿の電報六九一号（F三〇六五／六五三／二三）　状況に変化なし。（ピーターズ）
領事が休憩時間に面談を申し込むも、当事案は終了していないと、同じ報告を受ける。七月十七日付けの書面による審問調査要求に対しては、調査が一週間以内に終了するだろうとの口頭の返答を引き出した。調査は近く完了するという指摘があると、領事は報告する。
外務大臣に処分促進を再度懇願す」

このページの下に、半分以上を使ってアシュレイ・クラーク氏の太い筆致で書かれた次のようなことが続いている。

「私はXと記された範囲内で、オカモト氏にメモのコピーを渡し、助けてくれるかどうかと訊ねた。彼は、この国で逮捕された江口氏の日本への送還を許可すべきだと、示唆しただけだった。個人的提案として、ピーターズ氏が英国に送還されないのではないかと疑う。」

「だが同日に、東京、神戸、大阪、横浜そして長崎で、十一人の有力な英国人逮捕があって、突然状況は思いがけずに重大な展開を見せた。二日後には、ロイター通信が述べるように、収監されていたコックス氏が、尋問を受けていた警察署の窓から身を投げて死んだ。これらの逮捕はピーターズ氏と江口氏の件と関連がある模様で、外務省では取り乱した動きがあり、六日後に次に述べることで終了となった。」

「特別配信と戦争内閣
日本宛
サー・R・クレーギー宛暗号電報（日本）
外務省　一九四〇年八月二日　午前十二時四十五分

七八一号

緊急機密

一四〇九号の貴殿の電報（八月一日のもの。日本における英国人逮捕について）

一、英国政府は第一歩として、情報組織の分野に重要な問題があるとして、英国圏にいる一定数の日本国籍者の逮捕を決定した。彼らは英国内で三名、ビルマで二名、シンガポールと香港で各一名から構成される予定。インドでの一名、ビルマとシンガポールで各一名を追加、彼らの国外追放は決定していたのだが、英日関係の慎重な扱いを要する状況により、遅れていた。だが、今回、即座に追放されることとなる。その人びとの名前については、後ほど打電する。

二、逮捕は密かに行なわれ、日本政府や日本領事にも通告を行なわず、報道機関や議会にも公表しない。この逮捕が報復行為としてなされたこともまた、表示をしない。

もし日本が抗議したり問い合わせをしてきたら、逮捕された人びとは長期間疑念のもとにあったが、英日関係の重要性に鑑み行動を差し控えていたという方針を、我々はとることとする。しかしながら、日本の我が国に対する最近の態度が、この自制を取り払った。

三、逮捕者の選考にあたり、証拠が存在する人物のみを選び、公けの地位のある人物は考慮されなかった。この限度内で、我々は適度に有力な人物を選考した。
四、相互の解放が行なわれるかどうか、あるいはどう行なわれるかは、今後の展開による。一方、一三八四号の閣下の電報で推奨された別の強制方法は、自治領との協議において考察中である。
五、我々の行動を米国政府に極秘裏のうちに報告している。
ワシントン宛一七五四号、上海宛七九一号にて、これを繰り返している。」

右のことから、方針はすでに決定されていたことは明らかであり、孝之は十七日に早くも逮捕されたため、この逮捕が、表明された出来事に関係するのか、ドイツを応援するファシスト団体であるノルディック・リーグの彼の友人と関係があるのかは、少し曖昧である。それにもかかわらず、八月二日の夕刻、十年間三菱商事の支配人だったサトル・マキハラと、前任地がオーストラリア支店だった三井物産の新しい支配人代理のシュンスケ・タナベがふたりとも逮捕され、ロンドンにある牢獄のひとつ、ブリクストンにいる孝之に加わった。

月曜日朝までに、『タイムズ』紙が、シゲマツ日本大使のこの「友好的でない行為」に対する抗議を報道し、返答の中で、外務大臣ハリファックス卿は、まさしく先ほど記したことを言っている。

じつのところ、日曜に発行されるいくつかの新聞は、英国に対する無罪を言明している全逮捕者の友人たちや同僚たち、家政婦たちにインタビューしていた。逮捕者をひそかに新聞の手の届かないように拘留するために多くの努力がなされていた。

八月六日、ついに江口孝之の逮捕は新聞に載り、東京の駐日英国大使サー・ロバート・クレーギーからの電報を促した。日本での英国人逮捕以前の彼の逮捕が有効であるかを問い合せたものであり、外務省のA・W・スコットからの手書きの覚え書きは肯定している。


「これは有効な攻撃手段である。江口氏に関しては、(一月中頃から拘留されている)ピーターズ氏との交換が取り決められることを希望する。」


そして同じ日に、J・C・スタンデール・ベネットが、タイプされた次の覚え書きに署名している。

「本日、オカモト氏が江口の拘留について、アシュレイ・クラークと交わした最近の会話に言及した。アシュレイ・クラークは会話の中で、ピーターズの件を注意深く調べて、すばやく片付けるように要求した。電報は適宜に東京に打電された。返事によれば、軍機密条例保護法違反で告発されているピーターズが神戸地方裁判所で公判に付されるべきということが、四月二十三日にすでに決定しているとオカモト氏は話した。予備審査は七月三十一日に終了していた。オカモト氏は、これは大幅な遅延のケースであるが、日本の裁判の進行では遅延は普通のことであると語った。この件は現在、裁判所での公判を待っているが、その間ピーターズの件では面会者や文通の制限は解除された。現在彼は、手紙を書いたり受け取ったりができ、領事や友人たちに面会もできる。オカモト氏は、公判が行なわれるまでにどのくらいかかるかは話さなかった。」

翌日、A・N・スコットは記した。

「東京の電報一四九〇号も見て、交換の手配は、早ければ早いほどよいと思われる。」

そしてアシュレイ・クラークは書いていた。

「オカモト氏が七月二十七日に私に行なわせた江口氏国外追放の提案を撤回して、交換を提案したい。だが最初に内務省に相談しなければならない。」

覚え書きが与えるこの目的の達成に向けて、可能な限りの努力がなされたという印象にもかかわらず、残りの八月中には、これ以上何も行なわれなかった。九月も、そして十月も。

ドイツ空軍とのバトル・オヴ・ブリテンとロンドン大空襲があった時期ということはわかっている。そしておそらくこれが、ファイルに何も言及されていない理由であろう。

日本において、その件に対してのそれ以上の努力が明らかに停止したという暗示は何もなかったが、九月のヴィクター・ピーターズ公判の長期間の延期と、執行猶予のつかない八年の懲役刑という厳しい判決に対し彼が控訴したことが、結果的に彼らの努力を断念させた根拠であろうと、私は思った。日本政府は、有罪を宣告されたスパイと孝之の交換を行なうことに、明らかになんの準備もしなかった。

次の物は手紙で、宛先は次のようになっている。

「ハリファックス子爵閣下
G.C.S.I.,G.C.I.E.,
英国主席外務国務長官
三二七号　日本大使
ロンドン W. 一
一九四〇年十月十四日

親愛なる閣下

我が政府の指示のもと、閣下の役所に江口孝之の釈放を要請いたします。

江口氏は、外国人治安法一九二〇第十二（六）（C）並びに（五A）条項のもと、一九四〇年七月十四日朝にスコットランド・ヤードの警察官により逮捕されました。

繰り返された陳情にもかかわらず、彼は三ヶ月以上監獄に拘留されています。

日本の汽船がアイルランドのゴールウエイに入港し、今月二十五日に出航予定ということを考慮して、日本政府は江口氏を日本大使館の監督下に渡し、この汽船に乗船させて日本へ帰国させる許可をいただきたいと提案しております。これが追放の最後の機会となるかもしれませんので、この長引く問題の解決のために、江口氏釈放を得るための閣下のご協力に深く感謝申し上げます。

名誉と最上の尊敬をこめて

閣下の従順で取るに足りない僕

タカジロウ・フオネ（署名）」

十月二十五日に、日本大使館参事官、カミムラ氏がJ・C・スタンデール・ベネット宛に覚え書きを書いている。その中で、江口氏が延長された拘留に耐えていて、その充分な根拠を求めているにもかかわらず、最近拘留された英国人が告訴され、科料に処されるか、執行を休止され、釈放されたと指摘している。提案された船は出航してしまったが、第二の日本船、「伏見丸」がゴールウエイに待機していた。このことは英国外務省を行動にと動かした。もし日本政府が江口氏を望むなら、ピーターズと交換させることができた。二週間にわたり、差し迫った覚え書きが彼らの主張の概要を述べたが、日本政府はこのふたりの事例に同等性を見出せなかった。

孝之はどのような罪も犯していなかった。このことだけでも英国外務省の態度は理不尽であった。英国外務省もそれはわかっていて、孝之の拘留と日本への帰国について、第二案を持っていたのは明らかである。これが多くの記録の中に、私が見つけた小さな覚え書きであり、それを見て、私は救われようのない涙を流した。

スタンデール・ベネットは十月二十九日に書いている。

「内務省に確かめたが、MI5は提案した件に異議なし。よって手続きをした。
この事案は『伏見丸』一行の出航の切迫を考慮して、緊急である。」

英国内務省もＭＩ５（英国軍事情報部五部〔国内および英連邦担当〕）も、孝之には興味がなかった。彼は国家機密を脅やかす存在ではなかったのだ。彼が英国からなんらかの情報を敵に持ち出すとは考えられなかった。ここにこそ父がスパイでなかったという証拠がある。

ロンドンに二十五年間住んだ後、彼はこの地になじみ、流暢に英語を話した。彼は日本の天性の代弁者となり、彼より信用や経験の少ない人びとを助けたり、導いたりした。仕事での滞在が、通常は数年だけである役人や外交官より英国事情に通じていた。

彼の逮捕はピーターズを釈放するためであったと考えられ、彼は英国外務省の政治的動きの中での、単なる担保であったのだ。

十月三十日のハリファックスの返事は、英国がまだ孝之をピーターズとの交換に使う意志のあることを示している

「もし日本政府がピーターズの国外追放令適用を考えるなら、外務担当国務大臣は江口を同様に、この国から追放するようにと内務省に提案する用意をさせられたことだろう。

この提案をするにあたっては、日本の裁判の手続きを妨害するつもりはない。このふたつの件で、両国を相互に満足させる方法を提案するのが望まれる。」

十一月一日、スタンデール・ベネットは日本の反応を覚え書きにした。

「電話でカミムラ氏と、十月三十日にコピーを渡した覚え書きについて話した。彼は時間がないこと以外は多くを語らず、申し出が実現可能でも、時間内に行なえるかさえも疑った。彼は、我々が江口氏に「伏見丸」一行と共に出航する許可を与え、その後でピーターズ氏追放の可能性にむけての思いやりある考察を、日本政府に求めるという提言をした。

私は、そのことは不可能だろうと言った。私が非公式に行なった申し出に、日本政府が同意する明確な保証があるなら、我々は内務大臣に交渉できるだろう。

サー・ロバート・クレーギーはその申し出がなされたと報告するだろう。」

そしてアシュレイ・クラークは、同日午後二時三十分、急いで彼に電報を打った。四日後、「伏見丸」は孝之を置いたまま、ゴールウエイから日本に向けて出航した。孝之は自分を釈放しようとしてなされたさまざまな動きを何も知らずに、ブリクストンの監獄に取り残されていた。彼はインドに追放されるまでは、マン島に残されたが、孝之にとって不幸なことに、ピーターズとの交換は、日本の監獄でのピーターズの肺炎による死によって、実現されなかった。

英国内務省の確証のとれない証拠は、ピーターズの無実を暗示しており、彼の立場もまた、父同様に悲劇的なものであった。

五十年以上が経過してから、孝之の娘は英国内務省の机の前に涙を流して座っていた。一日中、父の真実を求めて過ごした。そして失われた日々に、父のために、母のために泣いた。

内務省のファイル

古い紙に書かれた言葉を読む
開かれたことのない
父の名が記されたファイル
彼は報告を書き、
彼らは彼に言い及び
私は彼を見つけようとする
いったいどこに？
ホコリだけが舞う

江口孝之、1940年

最終章　「獄中記」

父と私との関係において、一九六二年のアメリカから英国への船旅が大きな転機となったことはすでに述べた。

「娘はアメリカ人と結婚してあちらに残る。もう二度と会えないだろう」と船のサロンで涙をこぼす初老の男性。その時急に、私の父も娘のために泣いたことがあるのだろうか、と考えたのだった。

小さいときにはやさしく、一緒によく遊んだ父。でも、一九四〇（昭和十五）年七月十四日の逮捕以来、私が十一歳のときから会っていない。父の不在中、母と私たち子供がどんなに苦しんだか。私たちの不幸の原因は父にあるのだと、弟も私も父を拒否してきた。

日本敗戦の翌年の五月、父は日本へ送還されていた。父母は手紙を交換していたが、弟と私はまったく興味をもたないでいた。

だが、アメリカからの船旅のあと、私は母に、父が私たちを愛していたのかと質問してみた。

「もちろん、どんなにパパがあなたたちを愛しているか」

と母は答えた。

私は父の日本の住所へ初めて手紙を書き、五年後に彼が死ぬまで文通を続けた。おかげで二十二年前に別れた父の人柄や思いなどを知ることができた。

彼はまた、貴重な記録を私に送ってくれた。「獄中記」である。

逮捕後の父がペントンヴィル監獄に収監され、母も一度面会に行ったが、そのあとの父は英国内のいくつかの監獄に三年間、その後、植民地だったインドの収容所へ送られた。六年に及ぶ不当な監禁、その細部についてはまったくわからなかった。

だが父自身は、ブロンコ社製のトイレット・ペーパーに、万年筆を使って「獄中記」を記していたのだ。横約十二センチ、縦十四センチくらいの二十二枚。ほとんどが英語で小さな字で書かれている。トイレット・ペーパーというと、人は薄くてやわらかい紙と思うかもしれない。だが当時の英国におけるブロンコ社製のものは、ゴワゴワとして厚いのだ。それを、そっとノート代わりに使っていた。

監視の眼を逃れながら、小さな字でびっしりと書いたこの手記は、非常に読みにくいし、解読不能な部分もある。でも、最大の努力を傾けて、私は読んだ。それでも読めない部分はとばしたり、?をつけたりした。

ひとりの誇り高い日本人が、無実のまま、戦争直前から戦中を通して英国の監獄に収監されていた貴重な記録なのだ。

この手記にはひとつの特徴がある。事実と結果しか書いていない。相手の英国を責めない。これはサムライ精神なのだろうか?

私は父へのオマージュとして、この「獄中記」を公表する決意をした。愛した英国からいわれのない苦しみを与えられ、それでもなおその国を愛しつづけた、ひとりの勇気ある男性への最大限の敬意をあらわすために。

なお、父の手記は段落なしにびっしりと書かれているが、読みにくいので、トイレット・ペーパーの原文はそのままにして、私自身が段落をつけた。

(1)

To Pentonvill. July 14. 1940. in Cell after 1. a.m. take only Tooth Brush. no Smoking. lockup. Exercise 10.30–11.30. 2.30–3.30. Slow walking, Sand dust, more than 600, some pick up Cig Ends, mixed crowd. No Newspaper. Nothing allowed to bring in Except Cig. flatly Refused to write family. Rude Doctor. foul language by wardens, prisoner's foods. dirty Bath (Friday) Scrubbing cell + furniture, insulting search, Toilette, No Visit for ten days, 15 minutes visit at prisoner's Box. (only once a week) Kind hearted warden, dirty bed, too hard to lay. Hunger strike by alien as protest. Newspaper permitted end of July. front page Sensation about my case, Some printed my photo. Reprisal by Japan. 13. Britons arrested. Tanabe + Makihara Taken to Brixton. Indo + Tani, met chinese Seamen, they came back, two were Wounded by bayonetts at dispute on ship. Hanging of political murder, Indian patriot at 9. a.m. grim atomosphere, heard his shoutings and banging door. Exercise Extended after tea. out 6–8. early August. Removal to Liverpool prison began, Dutchmen refuse to Sail after attacks on convoy. more than half convoy sunk (18 ships out of 38)

To Brixton Prison on Aug 4th. met Tanabe, lockup in Small Narrow cell, Saw Uchiyama. Terrible long awaiting in Cell, nearly fainted, bad air, Tanabe gave me Sweets, white Bread, banana, orange, all Never seen for a month, Had walking Exercise for 1 hour, all walk in file, No talking allowed, Can Smoke in cell, food Can be bought, after on lunch told to pack up.

To Ham Common Camp on 15th. Saw Agnes. Taken by military Escotes, Terrible place, strict Examination of all things, Taken letters + all Books for Examination. alone Exercise after tea, first air Raid above head while out for Exercise under Escotes with loaded pistols, No Newspaper, No Visits, military foods but too small quantity for healthy men. No talking allowed, harder life than Pentonville, men are being Broken up, most insulting soldier, mended his dirty Socks, Saw doctor, made cleaner to allow me out. death is better than this shameful treatment. will Never forget August 22nd. Stephen's insulting Remarks at Examination. Italian broken up. Young Briton his brain Ruined by detention. few Kind hearted Soldiers, fetched me Cigarette, gave what left at their mess, one Sergeant shouted to Cruel Soldier, Remember you are Soldier.

江口孝之の「獄中記」

「一九四〇年七月十四日。ペントンヴィルへ連行さる。午前一時すぎ、歯ブラシのみ支給されて独房へ。禁煙。監禁。運動、十時三十分から十一時三十分と二時三十分から三時三十分。ゆっくりとしたウォーキングとサンドバッグ叩き六百回以上。仲間と一緒に吸殻拾い。新聞なし。タバコ以外の持ち込み禁止。家族宛の手紙厳禁。下手な医者。

看守たちの下品な言葉遣い、ひどい囚人食、汚い風呂（金曜日）。独房と家具の掃除、無礼な身体検査、十日間面会なし、手紙なし、囚人面会室では十五分間の面会。（一週間に一回のみ）。親切な看守、横になると堅過ぎる不潔なベッド。外国人の抗議のハンガー・ストライキ。

七月末に新聞許可。一面記事に私の事件が載っての大騒ぎ。なかには私の写真も掲載。日本による報復行為。英国人十三人逮捕。タナベとマキハラはブリクストンへ連行さる。ジュドとタニも。

戻ってきた中国人の船員たちに会った。船上の喧嘩で二名が銃剣で刺されて負傷。午前九時にインド人の愛国者、政治犯として絞首刑。容赦ない雰囲気。彼の叫び声とドアがばたんと閉まる音を聞いた。

八月初旬、お茶の後の戸外の運動が、六時から八時に延長。リヴァプールの監獄への移動開始。護送船団が攻撃された後、オランダ人たちが航行を拒否。護送船団の半数以上が沈没(三十八隻中十八隻)。」

「八月十四日。ブリクストン監獄に移動。タナベに会った、小さな狭い独房に監禁、ニチヤマも見かける。独房で恐ろしくて長い待機、気絶しそうなひどい空気。タナベがキャンディ、白パン、バナナ、オレンジをくれた。どれもここ一ヶ月間、見たこともないもの。全員列を組んでの一時間のウォーキング。私語厳禁、独房での喫煙可、食品購買可、昼食後、荷造りを告げられた。

十五日にハム・コモン収容所へ。アグネスに会った。軍の護衛隊付きでの連行。酷い場所、全所持品の厳しい検査、検閲のためにすべての手紙や本が持ち去られる。お茶の後の運動許可、装填された拳銃所持の護衛付きでの戸外の運動中、頭上に初めての空襲。

新聞なし、面会なし、健康な男性には少なすぎる軍隊食。私語厳禁、ペントンヴィルより厳しい生活、衰弱する人々、最も無礼な兵は自分の汚ない靴下を繕わせた。医者に面会、少し清潔にさせようと戸外に出ることを許可される。この屈辱的な取り扱いよりは、死の方がまし。

八月二十二日はこれからも決して忘れない。検査時のステファンの侮辱的言葉。イタリア人が精神錯乱。若い英国人、拘留により健康崩壊。少数の親切な兵士は私にタバコをくれ、食事の残り物を与えてくれた。残忍な兵士にひとりの軍曹が叫んだ。

『兵士ということを忘れるな！』」

「八月三十一日。ブリクストン監獄へ。いちばん酷くて狭い独房内で待機中に再び気絶しそうになった。タナベに再会。司令官に面会、少し清潔にしてもらう。お茶の後、戸外に、再拘留の捕虜たち、あらゆる犯罪者と共にあちらこちらを清掃。

九月十一日、タナベ釈放。激しい空襲が始まった。ほぼ毎日毎晩。一九四一年六月までの毎週火曜日と金曜日にアグネスが面会に来てくれたことは、どんなにすばらしいことだったか。リングフィールドの収容所に向けて出発。十月半ば。〝F〟ウイングに移動、多くの十八Bの人たちに会った、会話すると気分はよくなり、彼らの話をたくさん聞く。チェリー、ヴォルコフ、メイソン、フォン・ヘンリー、ピット・リヴァース、ダーヴビルなど。よくモズレイとラムゼイに会う。彼らの仲間は我々Bにやってくる。

少年の有罪者（毎週五十人ほど）、ある者は脱走兵、盗人。寂しいクリスマスと新年。グランドで運動、外側の円周百二十五歩、内側の円周八十五歩、午前中と午後それぞれに一時間の組み合わせ、すべては午後四時に終了。四時過ぎに監禁。」

「一九四二年六月十三日。リングフィールド収容所へ。将校にミスターと初めて呼ばれる。馬小屋をあてがわれた。汚くて寒い、用具類なし、外は泥濘、ペントンヴィルの仲間と再会、ほとんど皆悲しげで、疲れ果てている。皆自由と引き換えに命を取る。多くが衰弱、ただ自由の再獲得を熱望、一種の奴隷市場。

会見に対して、大きな改善あり。収容所司令官陸軍少佐ティルマンはシティで私を知っていた。陸軍大尉ホースフィールドやピチラーはかなり思いやりあり。ブリクストンにいたときに三日かかって届いた手紙は、今や三週間かかっている。二十五の国籍を持つ三百名ちかくの外国人がいて、やかましい食堂。BBCのニュースのみ聞くこと可。

十日間の馬小屋暮らしの後、ましな収容所（隣接）に移動。すべてが汚なく寒すぎた惨めな馬小屋暮らしが終了して嬉しい。不潔な生活を共にしたひどく下品な連中は自尊心なし。寒すぎるし開放されすぎで、シャワーバスは入浴できず、外は泥濘だらけ。キューバ人ロブレスとフランス人マルティーニは、わずかな謝礼で私の面倒をみる。良い人たちだ。ブルインの話。逮捕された捕虜たち百六名（女性と子供十二名を含む）は、黒人兵に護衛された厳しい旅に疲れ果て、女性はレイプ、歩行困難になった人々は道端で射殺。八十七名（女性と子供十七名を含む）が海岸に到着、イングランドに送られた。ポンツは狙撃を逃れたが、一ヶ月後に収容所から連行され、どこにいるのか知る人なし。謎の多い人であった。」

（このページの左に次の言葉がある。）

「ドアを閉めろ、急げ、静かに、
人気のない泥濘を歩き続けよ」

「ランシングからの手紙（投函日一月二十六日）が三月三日に届く。検閲で黒く塗りつぶされた箇所数ヶ所。スタンドの王室用席の部屋に同室は、メイソンとウィンフィールド。後にメイソンがオラトリオ会に送られたときにはマルティーニと。」

「三月四日。ヨーク収容所へ。駅への行進と、収容所へ向かうだんだん酷くなる道中の景観は忘れられない、多くの人々落涙、恥じ入る気持ちと侮辱の感情、わずか四枚の湿った毛布支給、睡眠場所は競馬場の観覧席の下。二十五人にたった一つの水道の蛇口、暗い灯り、二台だけのストーヴ。すべてがじめじめと湿っている。冷えきった金属製の皿とボウルを持って、列に並んでの食事の支給。皆で抗議。

クロニグが手助けしてくれる。ある日、彼の娘からのあまりに悲惨な手紙に、皆すすり泣く。ヴァン・ダムは釈放を断り、収容所に留まる。ポーランド人がひとり戻ってきて、収容所内に連れて行ってくれと懇願。だが精神錯乱になり、自由を渇望して死にかかっている者も何人か。わずか十九歳のオランダの青年は、拘留されて、絞首刑の恐怖から自殺を試みた。歯医者に連れていかれ、拘留後初めての経験として店舗を見、絨毯に置かれた肘掛け椅子に座る。

タバコ、？、野菜。パン屋の在庫不足にショックを受ける。オランダ海軍将校が、よく風呂で私を洗ってくれた。コンサート、大変お粗末、聴衆わずか、皆ホームシック、完全に不成功。バン氏と会う（午前三時起床）、タバコ、キャンディ、日本の食品まで持ってきた。しかし悲しい別れ、彼は私が日本の犠牲となり続けるよう要請、兵士たちは警棒や装填した拳銃を携えて収容所内を歩き回り、我々は八時過ぎに寝場所に監禁される。

待遇は明らかにリングフィールドより悪化、毎水曜日、不必要な誇示と威厳をもっての司令官の視察。五月十二日、百三十八名がピール収容所に移動。国際移住機関の三十七名の合同抗議、彼らはリーズ監獄に送還された。五月二十六日、軍隊によって彼らは移動、パジャマ姿や、ズボン無しの格好で四名の兵士にトラックに乗せられて連行、二名のオランダ人は夜中に（二十五日から二十六日）脱走。アグネスによって送り込まれた一団に対するユダヤ人ミューラー陸軍大尉の酷い仕打ち、無礼極まりなし。他の将校たちはもっと思いやりあり、彼らは人間愛を知っている。

アグネスは五月十三日（イングランドでの最後の訪問）、私がマン島の収容所へ移動させられるという悲しい見解に初めて号泣。我々がこの収容所に来る前から拘留されていたファシストたちが、色々な場所にいて書いた悲しい文書が多数あり。五月二十七日、我々十五名ヨーク収容所を去る。プラットフォームで将校たちと『幸運を（グッドラック）』と握手、とても心暖まる。」

「五月二十七日。ピール収容所ハウス三十一へ。庭、花、陶器の皿、木の床（拘留されてからはいつもコンクリートの床）。十八Bの友人たちと会う。私の到着を待ちかまえていて、歓迎、だが彼らの過失による私の不運に同情を示す。アグネスは私にベーコンと卵を持ってきたので、私の同居人たちに渡した。拘留されてから卵もベーコンもなかったので、感謝して喜ぶ。デンマーク人のコック、アンダーソンと同室、彼は私を手助け。ダラム監獄のじめじめした独房に連行されるとき、彼は兵士達に蹴られ、パンをマットに投げつけられた。受難を話して涙。

二名のオランダ人、ヨークから脱走、七月初めに連れ戻された。彼らはユダヤ人の小さなカフェで働いていたホワイトチャペルで逮捕。一ヶ月ほどで自由を得た。ある日、一九三八年ごろ日本へ送られた将校に会う。彼は日本政府の公式ゲストだった。名前はグラント中尉。次の収容所には六百名ほど。」

「七月十八日。ラムジー収容所へ。九軒の大きな民間ホテル、個室を与えられる。部屋はお湯と水の使用可。次の収容所には約四十軒の家、どれも民間の下宿屋、六百人ほどのドイツ系ユダヤ人。コルフ、抑留の記録、最長は第一次世界大戦中にオーストラリアに四年以上。一九四〇年五月からの彼の体験?、スコットランドの港で逮捕、貨物船の船長、ダラム監獄に九ヶ月、指紋と写真をとられ、ペントンヴィルへの連行に際して九時間手錠をかけられた。ダラム監獄では郵便袋を縫わされた。

マーカス(オランダ人)、六十歳以上、三十年以上イングランドに居住、ダラム監獄に連行。九月に釈放。オランダ人共産主義者ダグラス病院で死去。すべてのオランダ人と共産主義者が葬式に参列(ホルム)。九月、バーズ、フロインド、そして共産主義者が釈放される。映画と散歩、数人が農場労働のため外出。スタークマンの脱走、温室で一週間。いちばん親切なシェファード中尉、各人にタバコを与える。ウォーキングの一団を引き連れて外出したときにはビールさえ与えようとした。ジョフォール(フランス海軍大尉)は精神的錯乱。病院で回復。ド・ゴールの自由フランスへの参加拒否。再度拘留。

十八B収容所で、トンネルを使っての集団脱走の計画発覚。だが数名は脱走。警察が逮捕。ユダヤ人たちと共産主義者たちが、我々のピールへの再移動に抗議してハンガー・ストライキ。全員抗議開始。各自の大使館に打電、ベルグランは自国の領事館に裏切られた。ノック中尉は日本について無礼な批評、彼に日本の銃弾の効力を語る」

「十月十六日。ピール収容所へ。ハンガー・ストライキの効果なし、喜劇の如く失敗に終わる。オランダ人共産主義者一名だけ、道に横たわり騒ぎをおこす。警察の厳しい取り調べ。ビタミン不足からくる歯のトラブルに苦しむ者多数。

温室の処罰、第一の罪—五、六名のオランダ人が警察に反英国の所見を述べる。出入り口への報告は、三日間は毎時間、二週間は一日に二回、三週間は一回。ユダヤ人がやってきた闇市、三週間。退役軍人ルダンは警察官に顔を殴打された。オグデンが暴行を警察に告発するよう提言（公民権はまだ拘留者の手にあった）。警察は態度変更、事件後より丁重に。同胞におびき寄せられてイングランドに連れてこられ、娘はドイツの将校と結婚した愛国者で、物書きのルーネッケン、常に親ナチの見解を表明。

有名なサーカスのプロモーターのワッションが十二月七日（日曜午後九時）に日本参戦と告げ、皆騒がしくなり、多数が握手をしにやってきた。惨めなクリスマス。五人に一匹のウサギの割当て。アグネスが送ってくれたクリスマス・プディングを皆で分けあった。クリスマスの日は午前一時まで点灯。新年は午後十一時に消灯。

一月初めはどこも暗い。九名のノルウェー人（スパイ）が加わった。一九四一年三月四日午前七時、英国軍艦と二隻の軍用輸送船がロフォーテン諸島を奇襲。一万トンのドイツ漁船沈没、二百名のドイツ人を船から連行。同様に三隻のノルウェー船沈没、約三百名。

英国軍上陸、水産工場を燃やす。英国賛同者の三十人（女性五名）とスパイ十二名連行。

奇襲後四時間で退却。英国の新聞に三百名と報道されたが、三百名は誤り。ブリクストン監獄に九時間収監される。一名死亡、二名釈放。アイヴァソン陸軍中尉、ドイツ人たちと対戦。山中に退却、弾丸と食料不足により四散、全員帰国、ドイツにいると彼は考えている。

ミドリング博士、（オイルタンカー）ノルウェー病院での釈放されたノルウェー兵士達の診断を拒否。九月逮捕、ブリクストンに収容。スヴェンセンの異常な事件。

一九四一年七月、七十五歳の有名な砕氷船の船長、国王から最高位の勲章受勲者の彼の船はスピッツベルゲンに。早朝、十五名の共産主義者が乗船し、ピストルで脅して出航を命令。船が出港すると、船員たちは船室に監禁された。

共産主義者は四日間支配。だが激しい嵐で、ひどい船酔いに。ついに難破からのがれるために、降服。共産主義者が船室に監禁され、船員たちは武器を手に航海を開始、共産主義者の不正確な操舵により、現在位置を知ること不可能。数時間後、船の位置はグリーンランド（共産主義者の目的地）よりノルウェー近辺ということが判明。無線により警備船が来て、共産主義者たちを連れ戻す。船員は全員で十六名。だが英国による逮捕は無効になり、アイスランドに依頼して、彼らは逮捕。ユダヤ人と共産主義者のみが脱走計画の構成員、ドイツ人を恐れるため。彼らが英国の賛同者ということが原因ではない。二月十六日、シンガポール陥落。オランダ人の歓喜、ましてや十八Bの何人かの歓喜を見るのは奇妙。

地位のある人々、精神的に参る。どんな代価を払ってもと、釈放を懇願。彼らを見ると恥ずかしい。臆病で勇気もなし。このような人たちは、平和時には高い地位を得るが、この苦難の時には、人間としての真価を表わす。

大英帝国の没落を悼んで、黒い喪服のバンドを着用している海軍中佐デュ・ゲランは、反ユダヤに抗議して辞任。チェンバレン首相に反ユダヤを取り消すように打電。六十歳近いが、この辛い人生を静かに受け入れ、国を愛している。この三ヶ月、極東アジアでいかに大英帝国が崩壊したかを話して、落涙。帝国の終焉の最初の兆し。十月十五日から十六日の夜間、三名のオランダ人（ボーン、ミールマン、スコット）が脱走。嵐の強風もかまわずにアイルランドへ航行。帆は破れ、マストは折れ、食物はなし、航空機からは煙幕弾を受けての航行。ついにカンバーランド沿岸で断念。船の略奪で六ヶ月の投獄。ダグラス監獄で（一日あたり一ペニーの賃金）、薪の購買、火夫。禁煙、新聞なし、常に空腹。靴職人カンは、ベルギーのゲントにバーと下宿屋を所有。エストニア人、逮捕されイングランドに移送、ブルインと同様に辛い旅。ドイツのロシア人捕虜（一年四ヶ月）に対してロシアのエストニア兵捕虜（九ヶ月）。この点では英国において日本の自由なし。オランダ人（二十七名）が、ひよこの性別鑑定のために釈放された二名の日本人の写真を見せる。ここの多くの仲間は、監獄生活の後には、英国のために戦いに尽力する働きはしないと決意。ハンガリア人の陸軍大尉ラノイ病院を退院、彼の祖国に敵対する日本人を見て驚愕。釈放されて、帰国。何人かの日本人は生気なし。もはや日本人は魂も理想もなく、顔つきさえも無表情。

日本福祉センターで助けた人たちは、収監中の私に手紙を書くこともなく、タバコや本さえも送ってこなかった。コック（日本クラブ）だけが、タバコを持って訪問。十八Bの多くの人は、ここでは反ユダヤ主義者。これが拘留の理由。ユダヤ人たちは彼らを恐れていた。人々は全英国のユダヤ人の冒瀆を悲しむ。道徳的には世界一大きな売春宿、政治的には最大の不正直者、経済的には最多数の盗人で、詐欺師。英国が負けたなら、ユダヤ人虐殺の計画。皆、自分の国を愛しているが、力不足。裏切り者とよばれ、家族の絆は崩壊、子供や妻達は侮辱され、資産を失い、家は破壊。ほとんどの者が完全に没落。ある密告者の恥ずべき行為。このやり方でさえ、拷問にかけられる。農場での労働、一日に一シリング八ペンス。レンガ積みは一週間に二十五シリングだが、きつい仕事。一九四二年七月二十二日、十八Bでの討論に負けた、二十五名のみ提案を支持。

大英帝国の堕落、モラルの喪失で重婚。未婚妻。兵役回避のための結婚。工場内では女性の四十パーセンから五十パーセントに髪シラミ。結核感染（一九四二年、『タイムズ紙』）。窃盗犯の増加。満員の監獄。性病拡大。国民の健康は深刻な様相。

ベーカー陸軍大尉は、『聖書』を信じている。ミカ、ルカなど、特に黙示録を。彼の国の終末の予言。彼が逮捕されて、三十名ほどの兵士が家宅捜索、恥ずべきことに何も見つからず。彼は反ユダヤというだけ。ある者は尋問の間の厳しい取り調べを経て、独房での夜通しの眩しい灯りにより、視力が弱った。心のバランスを失う者も。映画上映は週に二回、聖歌が流れるとき、立ち上がらない者多数。ヒトラーが画面に映ると、手を強く打ちならし、宣伝機関が話すと、ヤジ。

週三回のウォーキング。歩き方の早過ぎるウォーキング、私に効果なし。寝室には読書不可の三十五ワットの灯り。談話室には六十ワット、騒がしすぎてどうしようもなし。鮮魚なし――いつも塩漬けか薫製のニシン、生のニシンは年に五、六回のみ。最安値のマーガリンは二・五ペンスでもらえる。外部の人は四・五ペンスで普通のマーガリンを手に入れている。酒保からわずかな余り物を買うのは不可欠なこと。

デンマーク人、オランダ人、ベルギー人、ポーランド人は、全員が毎週、自国政府より下付金を受領。質素な家具、すべてガラクタ、肘掛け椅子なし。貧しい人々への衣料無料配布。だが質は悪く最下層の人たちのみに適している。イングランドにいる妻からの手紙、届くのに二、三週間。この遅れはなぜ？　検閲官に黒く塗りつぶされたもの（数行）を、よく受け取る。ランタン。（明かり窓？）カギ十字のボタンホール徽章の取り外しを拒否すると、三週間の温室。（一九四二年五月）。

オランダ陸軍中佐ゼガー意見の相違、ドイツ占領後の戦争続行に反対。厳格な中立政策を主張、親ナチスと非難されて逮捕。ヴァービエスト陸軍大尉、ベルギー降服後にダンケルクから英国兵士たち（八百名）を彼の一万二千トンの船に乗せて連れ帰り、帰宅を希望。ウインチェスター監獄に拘留。彼の仲間はみな変心し、海軍軍務のために釈放。ただ彼ひとり、残留。彼は自分の船から英国提督が連れ出されるのを見た。囚人服を身にまとい、いっせいに運動するのは、おかしな見もの。後にフランス陸軍大佐、中尉が加わる。」

(このページの横に、記述あり。)

「ロンドン・ミッドランド・アンド・スコッティッシュ鉄道で一週間に二万五千個のコップが盗まれ、防空壕内でも盗難。鉄道の乗客はなくしたものの文句を三倍にして言った。鉄道会社の備品。?(鉄道会社は対応した)」

「監視人は農場からの帰途に、戦争についての悲観論を腹黒い外国人に述べた。彼は密告され、温室に三週間監禁。イングランドでは誰も自由に話せない。同様な違反で、ある兵士は三年間の重労働、だがこの外人は、仲間のおかげで、良い隠れ家を得る。日本国の残虐。不正で非人道的な取り扱い。フィリス・ハーロップ、サー・ヴィクター・サスーンの個人秘書。フィリス・アルガイ、六ヶ月間の収監、手錠を施錠され、顔面を平手打ち(『ニューズ・クロニクル紙』)、ユダヤ人による冒瀆。映画と新聞の統制。ほぼすべて過激思想に向かっている。フリーマンはBKクラブを去る。(ゴラング・ラスキー)自由恋愛のためにユニティ劇場、日曜上映会、ダンス、サイクリング、戸外のキャンプ等。ブルームス結婚（ゴラングからの廉価な刊行本）。チャップマン・コーエン（自由思想家）。エプスティンの〝アダム〟の巨大な像がマーブル・アーチに姿を現す。店舗のショウウィンドウには裸のマネキンが出現、尊厳や自尊心の喪失。女性からの抗議なし。足を見せる短いスカート、ユダヤ人にデザインされたファッション、ユダヤ人支配の洋装店。盗難――鉄道では一週間で二万八千枚のタオルがなくなると下院で報告。英国のレストランではナイフとフォークに二シリング六ペンスの預かり金。わざわざ戻って、忘れた二シリング六ペンスを手にする者もあり。金持ちの贅沢な生活。インチキャップ卿の三十万ポンド相当の室内装飾と食器がある黄金色の食堂。貧者は最低限の暮らしを続行。失業問題の解決はほとんど何もなされていない。第一次大戦の敗戦後、どこの政府も空約束を証明した。

五月六日、スパイがやってきた。一九四一年クリスマスの後、英国はロフォーテン諸島へ第二回目の奇襲。（巡洋艦二隻、駆逐艦、コルヴェット艦、タンカー、輸送船、合計二十二隻）。十二月二十八日早朝、三百人から四百人が海岸に行き、無線基地を破壊。ドイツ人囚人六名に村の民家宿泊を手配して、銃を持ちこみ、全ノルウェーは英国の支配下にあると告げさせた。

滞在三日。ドイツの航空機一機で退却を決定、爆弾を投下。船に被害なし、自由ノルウェー軍に参加させるために、五十名（妻と子供を含めて全員三百名）を連れ帰る。

途中で英国巡洋艦がドイツ国旗を掲げ、射撃射程内に近づいて小さなドイツのトロール船を撃沈させるのを見た。船上の手を上げた二名が、そのまま沈んでいった。全員がこれを目撃。人々はみな生活に事欠き、ある者は稼ぎに働きに出る。

彼らの中での友情はすばらしい。年老いた人たち（六十歳以上の男性二、三名）を助ける。ホーズリィ（リザード・ブラザーズに勤務）は、タプロウで嫉妬深い隣人に非難されて、まったくの廃人になった。もし？。フランドル人のファシストたち（ウエニエー、デラモー、ホステン、ロナージ）は、静かで、勇気をもってこの人生を受け入れている。けっして釈放を懇願しない。戦争中は収容所に留まることを決定。

ブリオンとステックルマンはベルギー兵として戦い、重傷を負った。自由ベルギー軍への参加を拒否して逮捕、軍事刑務所へ収監。七月、二名のベルギー役人（両者とも高官）が来て、自由ベルギー軍により有罪を宣告。タルコン将軍の失脚、貧しくもなく、ボロ服も着ていない。ペントンヴィルで見かけた彼と大きな相違。精神的変節と一九四二年からの入院があったとしても。陸軍将校のほとんどはボロ服に身を包み、家屋内でコックや清掃人、ましてやウサギの飼育係として、わずかの賃金で（一週間に十シリングから五シリングの間）労働。働きに外に出かける者はほとんどなし。彼らは今なお自尊心を持っている。自分たちの信じるもののために、勇気ある戦いを示している。

一九四二年八月、兵役軍務における女性の道徳についての四ヶ月の調査の後、公式の報告。

私生児誕生は軍務の女性は千人につき十五・四人、民間の女性では千人について二十一・八人、おそらくごまかしの意図で捏造。司祭は既婚女性が両手の指の結婚指輪をはずしてダンスやバーに出かけるのを悲観。一九四一年に比べて離婚は（一九四二年には）四倍に増加。十二月から無一文。それ以来、友人たちの援助。彼らの親切は忘れない。

フレンド教会のヒュー氏を通じて、家族のわずかな情報を得る。リヴァプール監獄の国際移住機関にやってきて以来空襲なし。サイレンが五回から六回聞こえたのみ。我々がブリクストンにいたとき以上に、外国人は多くの経験、爆弾投下で捕虜八人が殺害される。死体からの腐臭。破片の下に埋もれた遺体を移動するのに十八日かかった。ボイラー小屋、台所が被爆。三週間、冷たい食物のみ、厳しい冬の最中に暖房なし。オラトリオ会のチェルシー祈禱堂。三名の日本人役人（マツモト、スズキ？）カノウ氏もダグラスのポラス収容所に送られる前の三日間をここで過ごす。出席をとっての整列を拒否。ホシは検閲官ロスに呼ばれたのに出頭を拒否しただけで、温室に三日間。

顔面を平手打ちされたメッフル（フランス人陸軍大尉）は、犯人を逮捕しようとやってきた。一九四〇年十二月、ブリクストンへ移送される前に、一週間暗い独房に収監、九ヶ月後、国際移住機構の収容所へ。MI五の指揮官はヴィクター・ロスチャイルドと知っていた。ド・ゴールはマルセイユで軍の船荷をだまし取ることでお金を作った。

フランス軍連絡将校のコンラッドは、本国に送還されるフランス人を乗せてフランスに帰る船から、ロンドンに戻るように命令。彼と他二名がロンドンに戻ってきた。一週間後サリー州クルドロンで逮捕。ほぼ一年半の間、彼の家族からの手紙なし。彼の拘留は、ヴィシーのラジオで二回抗議された。一九四二年九月、条件付きで釈放。鉱山技師でオリンピックチャンピオンのスポーツマン、フランス人コルルーは最後に病気になる。一九四二年五月、ロンドンの病院に送られた。健康が理由の釈放と聞く。

第一次大戦中潜水艦に勤務して、鉄十字勲章を授与されたモラーは、極東で五年間の航行後の帰路で逮捕、不運！　ドイツ人として生まれたが、戦後デンマークに家を手に入れたときにデンマーク人に帰化したハンソンもドイツ海軍に所属。生まれはドイツ人だったがオランダ人に帰化したアーノルドは、ドイツ海軍にいてゼーブルクで戦った。ウェルバとプラダも生まれつきドイツ人、ウェルクマン、スティクルマンも同様。

サンダーは、オランダ人。オランダ兵は祖国が降服したときに、これ以上戦うことを拒否。逮捕され、それ以来ずっと拘留。多くの弱ったオランダ人が自由オランダ軍に再入隊したり、英国旗の下に航海に出たりしたが、まだ収容所に留まっている。彼はこの収容所の仲間のように、ドイツ人との友情を信じている。若いオランダ海軍仲間、ランタレンも同様。離婚数、一九三六年に五二三六組、一九三八年には一六六九七組（法律改正による行方不明者を含む）一九三九年に八九〇八組、一九四〇年には七六七四組（空襲により、時間なし）。一九四二年は一期間で三千組以上。気の毒な男性の離婚裁判所で離婚に向かっているのは一九四一年でロンドンだけで三八四九組、一九四二年には九ヶ月で六千組。

ポジェ釈放。護衛艦の艦長、乗組員は艦長を親ナチと疑い、彼の下での航行を拒否。九ヶ月後、(一九四一年九月) 再逮捕。クリスマス前にピール収容所にきた。オランダ海軍大尉ヴェルストラタンと、オランダ軍第一席パイロットのショットは自由オランダ空軍軍務に服することを拒否。オランダ空軍軍曹ウエルクープも拒否。第二補佐官ヴィアール・ブーンは、ドイツ人から逃げるために数名のオランダ系ユダヤ人指揮官を小さな船でイングランドに連行、それ以後、口を閉ざし続けたことを非難された。会社から毎月支給金をうけていたのはおかしなこと。

ほとんどの船の従業員は給金を受理、雇い主によって三分の二は妻たちに、三分の一は自分たち分として取り置かれていた。小包の厳しい検閲、よくユダヤ人は糖菓トフィーの包み紙すべてを剥がすように要求された。ショートケーキは二つから三つに切り分けられた(ブリクストンにいる私にやられたこと)。ブリクストンにいたときは、すべてのガラス製品とブリキの箱は禁止(一九四〇年のクリスマス前に、この規則は数日間解かれた)。初期にはジャムなどの持ち込みも難しかった。

書籍や新聞の個人からの送付禁止、出版社からのみ可。家からの本も認められず。タバコは工場からの直送のみ、後にタバコ屋からの受け取り許可。巻タバコ用の紙は初めのうちは小包に入れること禁止、だが後に許可。配給の食料を、イングランドから送るのは不許可。

一週間に二十四行の手紙二通。通常、収容所では五枚の毛布の配布、シーツや枕カヴァーはナシ。タオルは配布。歯ブラシ、カミソリの刃、ヘアブラシなどは無料で配布。

収容所Xにきたときに、はさみは没収。収容所内の労働。賃金は週休五シリングから、酒保、クリーニング屋、コック、靴修繕屋、美容師、清掃人など。コックや清掃人は同居人から増額を貰えた。収容所の仕事全種類の公給は、週給三シリング六ペニー。福祉基金からの超過賃金が週あたり五シリング、七シリング六ペニー、十シリングなど。福祉委員会が決定。十八Bで映写する映画代は九ペニー、大型テントなら九ペニーに一シリング三ペニー増額。酒保は福祉基金の収益のために、十から十二パーセント高く販売。五十歳以上の貧しい人は週に三シリング六ペニーを手にする。五十歳以下は、キャンプ医に不適任者と認可されない限り、救援資金を得るために、働かなくてはならない。」

以上が、父、江口孝之の「獄中記」である。これほどの扱いを英国政府からうけながらも、英国を恨まず、英国を愛しつづけた父。日本で死を迎える最後まで、エリザベス女王の肖像を飾りつづけた父だった。サムライ精神と騎士道精神を合わせもつ、ひとりの誇り高い日本人紳士の、ありのままの「手記」である。

エピローグ　「長い旅」が終わった

孝之とウィニフレッドの娘としての、そして同じように日本と父を恨みながら苦しんで育ち、オーストラリアへ移住して二〇〇九年に死んだ弟イアンのための……そして、ひとりの人間としての私のための長い旅。子どもたちや孫たちにも、家族の歴史を少しは伝えなければ、という気持ちもどこかにはあった。

そして、その「旅」が終わったいま、さまざまな思いが私を襲ってくる。この手記を書いているあいだ、激しい感情と焦燥で押しつぶされそうになったことが幾度もあった。しかし、

「あなたはどこからきたの?」

という根源的な問いが心の奥底で響いていたような気がする。もしかしたら、「旅」を続ける力を、その問いが与えてくれていたのかもしれない。

英国と日本。ユーラシア大陸の東西に位置する古い文化を持つふたつの島国は、かつては同盟国であり、よき友であった。しかし関係は悪化し、ついに戦争となる。

イアンと私は、人種偏見に苦しみながら日々をすごした。英日混血児であることを嫌悪し、知らない人には日本人の血が混じっていることを知られないように恐れながら暮らしていた。

父の逮捕後の母子三人のみじめな生活。すべては父のせいだと彼を責め、もしかしたら本当にスパイだったのかもと、疑いもした。

ずっと以前の、姉アルマがまだ生きていたころの一家の団欒、仲のよかった父と母、そして私にもやさしかった父の思い出も、暗雲の陰にかくれてしまった。

だが、大西洋上での、あのふとしたきっかけから父との文通が復活し、すべてが少しずつ変わっていった。「父」を再発見し、尊敬するようになった。

父は文通だけでなく、「日記」やメモ、「獄中記」なども送ってくれた。すべて英語で書かれていたので、日本語のわからない私も読むことができた。

母はどんなに苦しい境遇の中でも献身的に私たちを育て、愛情を示してくれた。母もまた、大量の「日記」を残してくれていた。

ふたりの書き残したものからも、私は自分がどこからきたのか、本当の答えをみつけることができた。受けた苦しみに憤激することなく、別々に歩んだ人生の最後にいたるまで、その関係に耐えつづけたふたりの人間の発見。彼らの人生は、愛と憎しみ、赦しと和解の物語でもあった。

そして自分自身の調査によって、父が決してスパイではなかったこともわかった。

私はもう、英日混血であることを恥じてはいない。恥じるどころか、自分の美術における才能は、日本人のもつ芸術性の血脈からきているのではとさえ感じている。

私はいま、ロンドンから七十九キロ南西の町、ミルトン・キーンズという、人口二十五万人の特殊な町に住んでいる。ここは、一九六〇年代に、ロンドンの過密状態を解決するために政府が企画した〝ニュータウン〟のひとつだった。〝美術の町〟にしたいと、私たちは美術展を企画し、画廊を建てた。いくつかの銅像もつくった。

こうした〝町づくり〟をしていたとき、子どものころの自分が、〝おもちゃの町〟をベッドルームの床の上に作っていたことをふと思い出した。そして、祖父熊市のことを。

彼は名古屋の町づくりに大いに貢献し、美術品の蒐集にも熱心だった。同じことを、孫の私がしている……自分の美術への傾倒は、祖父からの遺伝だったのだ！

ミルトン・キーンズには多くの日系企業が進出し、今ではすべてが変わった。

孝之とウィニフレッド。私は自分がふたりの娘であったこと、そしてこの物語を紡げたことに深い感謝を捧げる。

そしてこの世を去った人たち、祖父母や両親、アルマやイアンに、この本を捧げたい。

訳者あとがき

この本は、Edna Eguchi Read, *The Girl in the Kimono: The Story of an Anglo-Japanese Marriage* (Bound Biographies, 2010) の訳書である。

「それで、内容は?」と問われると、かなり複雑になってくる。

まず、副題が示すように、当時としてはめずらしい国際結婚と、それにまつわる物語であると言えよう。

明治二十九年に名古屋近郊の資産家の長男として生まれた江口孝之は、旧制中学卒業後の大正三年に英国へ留学する。ロンドン大学卒業後は、台湾銀行ロンドン支店に勤務する。この人物が、著者の父である。

一方、母となるウィニフレッド・トンプソンは一九〇二(明治三十五)年に生まれ、没落した貧しい家庭で苦労しながら育った。

二十三歳の孝之と十七歳の美しい少女ウィニフレッドは出会い、やがて同居し、結婚する。ただ、お互いの出身階級や教養、そして文化的な差に悩むこともあったが、三人の子供に恵まれる。長女は幼くして世を去るが、次女のエドナ、長男のイアンは成長する。

ちょっと視点をずらすと、これは孝之の苦難の物語でもある。一九三九年に英独戦争が始まると、家族は田舎へ疎開した。翌年七月十四日の早朝、エルジン街の家へ突然に三人の警官がやってきた。彼らは「十二条（6c）と一九二〇年の在留外国人法（5a）により逮捕」と書かれた令状を見せ、孝之を連行した。スパイ容疑とは全くわからなかった。「真珠湾攻撃」の十七ヶ月も前の出来事だった。日英が戦争を始める前の、不可解な不当逮捕であった。

弁護士もつかず、裁判もなく、英国のいくつかの監獄を三年間移動し、次の三年間は植民地だったインドの収容所に入れられた。そして日本敗戦の翌年、孝之は日本へ送還されたが、英国再入国は生涯にわたり禁止された。

世界のどの国でも、そしていつの時代でも、拉致や不当逮捕は行なわれてきているのだろう。孝之の場合の加害者は、英国政府であった。

孝之は「獄中記」を残していた。ゴワゴワしたブロンコ社製トイレット・ペーパーに、万年筆で人目を忍んだ小さな字でびっしりと記されている。横約十二センチ、縦十四センチの二十二枚の英語による文書。

今回、著者のエドナは、この「獄中記」を公開する決意をした。

「父へのオマージュとして」と、彼女は書いている。

と同時に、これは残された家族の苦難の物語でもある。まずどこへ孝之が連行されたのかを突き止め、一回だけの面会が許される。ロンドンの家も財産も失ったウィニフレッドは、子供たちを養うために懸命に働いた。その苦闘が続く。そして子供たちは、「敵国人との混血児」「スパイの子」と周囲の子供たちからいじめられ、すべて孝之のせいだと父を憎んだ。

日本へ送還された孝之は、後に東邦レーヨンに就職するが、一九五三（昭和二十八）年にパリでの会議に出席という幸運が訪れた。ウィニフレッドもパリへ行き、再会する。「独りで日本へ来てくれないか」と孝之は懇願したが、ウィニフレッドにはそれはできない。ふたりはそのまま別れ、孝之は日本で再婚した。

そしてこの作品はまた、娘による父探しの「旅」の物語でもある。一九六七（昭和四十二）年に孝之が死去すると、書斎に女性のものとしては二枚の肖像画が残されていた。エリザベス女王とウィニフレッドのものだった。

一方、一九九四（平成六）年に、夫の衣服を抱きしめて、

「私の棺に入れてね」

と言っていたウィニフレッドが死去した。

六十代半ばに達していたエドナは、父の逮捕の真相を急に知りたくなった。内務省、外務省、国立公文書館などへ足を運び、探求を続けた。そのかなり以前から、エドナは父と文通を始めていた。憎んでいた父との和解、そして彼の真の姿を知る父探しの旅であった。

と同時に、社会人としてのエドナ自身が一歩一歩階段を上った、ひとつの成功物語でもある。じつは彼女は本書で自分の業績についてはほとんど触れていない。しかし、ロンドンから南西七十九キロのミルトン・キーンズ（Milton Keynes）という町を〝美術の町〟そのものとして創り上げた四十年間の努力は、特筆すべきものがある。

訪れたことのない私は、パンフレットから想像するだけなのだが、町全体がひとつの展覧会場のような印象を与える。あちこちに置かれたオブジェ、銅像、絵画、ギャラリイなどが特殊な空間を作る。彼女自身の作品も展示されている。

美術コーディネーターであると同時にアーティストでもある著者は、平和運動にも関心がある。父の不当逮捕に言及しながら、

「問題は、今でも英国ではそれが行なわれていることなの。アラブ系の人たちが、テロリストの容疑で。かつての私たちのように、子供たちは苦しんで、泣いている……」

と言う。

父、孝之の悲劇については、二〇〇九年一月十九日、BBCが「ルック・イースト」（Look East）シリーズの中で放映した。

二〇〇八年のヨコスカ平和美術展にも参加したし、二〇一一年十月八日、トラファルガー広場で行なわれた反戦デモにも巨大なポスターを出品し、参加した。それは、左右にアフガニスタンとイラクでの戦争で死んだ人びとの写真を並べ、中央にルイ・マックニース（Louis MacNiece）の詩、「生ま

れる前の祈り」(Prayer before Birth) が書かれている。胎児が、これから生まれていく世界は争いやひどいことの多い場所、そこでどう生きて行ったらいいのか教えて下さいと祈る詩である。

この日、グローブ座の支配人で、高名なシェイクスピア劇俳優でもあるマーク・ライランス (Mark Rylance) がこのポスターに見入り、作者がエドナと知ると、二人で仮設のステージに上がり、彼女の手をしっかり握りながらマックニースの詩を朗読した。彼もまた、英国が中東の国々に対し兵を送ることに反対していたのだ。

本書はまた、戦前の英国における富める階級と貧しい人びとの暮し方の違い、習慣なども伝えてくれる。国際結婚ゆえの文化の違い、愛と異和感の相剋、そして孝之の逮捕、残された家族の苦しみなど、劇的な要素が多い。

だが何と言っても圧巻は「獄中記」であろう。日英間に戦争も始まっていない時期における孝之の不当逮捕。開戦のためうやむやにされた六年もの獄中生活。日本人によるこうした手記が公表されるのは初めてであろう。その意味で、歴史的資料としての価値が高い。

「獄中記」では、日常の細部も描写されているが、驚くのは、信条も異なる多くの国籍の人間たちが収容されているという事実である。どういう理由での逮捕かがよくわからないのだが、インド人などは、植民地からの独立運動を行なったからであろう。ファシストや共産主義者、スパイ容疑など、疑わしい人物は次々に逮捕したと考えられる。ドイツの侵攻におびえ、混乱していた英国社会を映し出している感がある。

「獄中記」は、きわめて制限された状況下で、ひそかに書き留められたものであるため、第三者が読むと訳がわからない部分も多々ある。しかし、史料的価値に鑑みて、そのまま掲載することにした。

この手記を読んで驚くのは、孝之が一度も英国政府を批判していないという事実である。本文でも書かれているように、彼の死後の書斎には二枚の女性の肖像画が残されていた。あれほどの扱いを受けながらも英国を愛し、エリザベス女王を敬い続けたのだ。そしてもうひとつは、ウィニフレッドの肖像画。それをそのまま大切に飾り続けた後妻の大いなる寛容さには頭の下がる思いがする。獄中での苦難はあったにしても、江口孝之は幸運な男性だった。

本書を訳すにあたり、友人のドロシー・ブリトン（レイディー・バウチャー）の献身的なご助力に感謝したい。また、堀田綾子氏にも御礼を申し上げる。共訳者平野加代子および、今回ことに協力を惜しまなかった和田敦子に感謝したい。私と弟子たちとの翻訳グループは、原書房時代の長岡正博氏に多くの訳書を出していただいた。『中世の祝祭典』『中世の饗宴』『中世貴族の華麗な食卓』『聖杯伝説』などである。私自身だけのことを言えば、トマス・インモース先生を週一度二時間、七年にわたりインタビューして、『ヨーロッパ心の旅』を一九八五年に出していただいた。長岡氏はこの英語のインタビューに根気よくつきあって下さり、この作品は第十一回ヨゼフ・ロゲンドルフ賞を受賞した。三人でいただいた賞と理解している。創設なさった悠書館からの、私たちとしては初めての訳書である。心からの感謝を長岡正博氏に、全員で捧げたい。

加藤恭子

⚜なお、本書に出てくるローマ字での日本人名の漢字表記を特定するのは困難なので、江口父子を除いてはカタカナ表記にした。

⚜登場人物中、事情により名前を変えた人びとがいることもお許しいただきたい。

Acknowledgments

So much was unknown about my father's story that it took me five years to research all the true facts. This involved finding and studying Government records, old newspaper archives, reading books and visiting organizations in London and elsewhere. The staffs were always most helpful.

I met with eminent writers on Japan, Professor Ian Nish and Dr. James Hoare, Mr. Sadaaki Numata of the Embassy of Japan and Keiko Ito, whose book "*The Japanese in Britain*" included my father.

Invaluable contributions came from Mrs. Norie Oka and Ms. Teruko Sekiguchi, Sakeyuki Arima, Sadao Oba, Tsugumi Ota, Moya Tani, Akira and Mikiko Fukami to all of whom I am most grateful.

For the publication of my book, I thank my friend Lady Bouchier who also opened doors for me in Japan as an artist showing my Anti-Nuclear War installation "*After Hiroshima*" and introducing me to the most eminent lady of letters, Kyoko Kato. I am honored that she has translated and edited the text for Japanese readers, assisted by Kayoko Hirano and Atsuko Wada. To them all my deepest appreciation for the many hours of hard work involved.

Lastly my deepest gratitude to the publisher, Mr. Masahiro Nagaoka.

Edna E. Read

著訳者略歴

著者：エドナ・エグチ・リード（Edna Eguchi Read）
1929年、日本人の父とイギリス人の母の次女としてロンドンに生まれる。ワージング女子高校在学中には、サセックス州のホッケー選抜チームのメンバーに選ばれたり、若い市民の会議議長として世界平和会議に出席。美術と英語で優等賞を取るなど、優秀な成績で卒業。ウエスト・サセックス大学で美術を学び、デザイン学の国家卒業証書を取得。1954年の結婚後も、美術とデザインで教鞭をとる。スウェーデンの大企業のオフィス・デザインを手がけたさい、オフィス・ビルに現代アートを継続的に展示する試みを創案し、それが、新しい美術の町ミルトン・キーンズ発展のモデルとなった。この町のアート・コンサルタントを40年務め、ミルトン・キーンズはいまや、イギリスのどこよりも多くの美術作品や彫刻に溢れた町として有名である。2007年から2009年にかけて、彼女の作品《アフター・ポンペイ、アフター・ヒロシマ……》が、ミルトン・キーンズ、横須賀、東京、広島、京都で展示された。

訳者：
加藤恭子（かとう・きょうこ）
1929年東京に生まれる。早稲田大学文学部仏文科卒業と同時に渡米・留学。ワシントン大学修士号。65年、早稲田大学大学院博士課程終了。65〜72年、マサチューセッツ大学で研究生活を送る。73〜95年、上智大学講師、95年から同大学コミュニティ・カレッジ講師。現在は㈶地域社会研究所理事。専攻はフランス中世文学。著書に『アーサー王伝説紀行』（中公新書）『昭和天皇「謝罪詔勅草稿」の発見』『昭和天皇と美智子妃　その危機に』『言葉でたたかう技術』（以上、文藝春秋）『昭和天皇と田島道治と吉田茂』（人文書館）など多数。編著に『私は日本のここが好き！』〈正編・続編・特別編〉（出窓社）『上野久徳伝』（三省堂）など。また訳書に『モーゼスおばあさんの絵の世界』（未來社）、サー・セシル・バウチャー著『英国空軍少将の見た日本占領と朝鮮戦争』（社会評論社）などがある。
第43回日本エッセイスト・クラブ賞、第11回ヨゼフ・ロゲンドルフ賞、第65回文藝春秋読者賞受賞。

平野加代子（ひらの・かよこ）
1944年生まれ。学習院大学文学部英文科卒業。加藤恭子翻訳グループ会員。共訳書にマドレーヌ・コズマン著『中世の饗宴』、マルコム・ゴドウィン著『図説聖杯伝説』（ともに原書房）、ジャン＝ルイ・ベッソン著『ぼくはあの戦争を忘れない』（講談社）などがある。

スパイにされた日本人
——時の壁をこえて紡ぎなおされた
父と娘の絆——

2012年7月31日　初版発行

著　者　エドナ・エグチ・リード
訳　者　加藤恭子
　　　　平野加代子
装　幀　桂川　潤
発行者　長岡正博
発行所　悠 書 館
〒113-0033　東京都文京区本郷 2-35-21-302
TEL 03-3812-6504　FAX 03-3812-7504
http://www.yushokan.co.jp

印刷・製本：(株) 理想社

ISBN978-4-903487-58-8

定価はカバーに表示してあります